"十三五"国家重点出版物出版规划项目

上海市哲学社会科学学术话语体系建设办公室、上海市哲学社会科学规划办公室"新中国成立70周年"研究项目
理论经济学上海Ⅱ类高峰学科建设计划项目
中央高校建设世界一流大学学科和特色发展引导专项资金和中央高校基本科研业务费资助项目
深圳大学中国经济特区研究中心资助课题成果（编号：0000033120）
深圳大学人文社会科学青年教师扶持项目成果（编号：00000379）

复兴之路

新中国经济思想研究

丛书主编：程霖

# 新中国特区经济体制建设思想研究

黄义衡 ◎ 著

中国财经出版传媒集团
经济科学出版社
Economic Science Press

图书在版编目（CIP）数据

新中国特区经济体制建设思想研究/黄义衡著.—北京：经济科学出版社，2019.9

（复兴之路.新中国经济思想研究）

ISBN 978-7-5218-0867-4

Ⅰ.①新…　Ⅱ.①黄…　Ⅲ.①特区经济-经济体制改革-研究-中国　Ⅳ.①F127.9

中国版本图书馆 CIP 数据核字（2019）第 201567 号

责任编辑：孙丽丽　纪小小
责任校对：隗立娜
版式设计：陈宇琰
责任印制：李　鹏

**新中国特区经济体制建设思想研究**
黄义衡　著
经济科学出版社出版、发行　新华书店经销
社址：北京市海淀区阜成路甲 28 号　邮编：100142
总编部电话：010-88191217　发行部电话：010-88191522
网址：www.esp.com.cn
电子邮件：esp@esp.com.cn
天猫网店：经济科学出版社旗舰店
网址：http://jjkxcbs.tmall.com
北京季蜂印刷有限公司印装
710×1000　16 开　13.5 印张　210000 字
2019 年 9 月第 1 版　2019 年 9 月第 1 次印刷
ISBN 978-7-5218-0867-4　定价：48.00 元
（图书出现印装问题，本社负责调换。电话：010-88191510）
（版权所有　侵权必究　打击盗版　举报热线：010-88191661
QQ：2242791300　营销中心电话：010-88191537
电子邮箱：dbts@esp.com.cn）

# 总　序

新中国成立70年来，中国经济建设取得了举世瞩目的辉煌成就，尤其是改革开放之后，中国经济体制出现了重大转变，经济实现持续高速增长，跃居全球第二大经济体和第一大贸易国，在世界政治经济格局中的地位与角色日益凸显，步入了实现中华民族伟大复兴的良性发展轨道。与中国经济体制转变同步，中国经济思想在理论范式和学术进路上也经历了比较大的调整。从计划经济时代形成的以马克思主义政治经济学和苏联社会主义政治经济学为主要内容和理论体系，逐渐过渡到以马克思主义为指导，政治经济学、西方经济学和中国传统经济思想多元并进的局面，这为中国特色社会主义市场经济理论和体制的形成与发展创造了良好的条件。

在此过程中，中国经济思想的发展演变与中国经济的伟大实践也是紧密相关的。尤其是在改革开放以后，中国经济在"摸着石头过河"的过程中涌现出了大量前所未有的、在其他国家也较为鲜见的经济创新实践，这就对源于西方成熟市场经济国家的经济学理论的解释力和预测力提出了挑战，蕴育了经济理论创新的空间。可以说，中国经济实践探索呼唤并推动了中国经济思想创新，而中国经济思想创新又进一步引领了中国经济实践探索。新中国70年的复兴之路在很大程度上是中国人民奋力开创的、为自己量身打造的发展模式，离不开国人在诸多经济问题与理论上的理解、决断与创造，这些也构成了新中国成立以来各领域所形成的丰富经济思想的结晶。

站在新中国成立 70 周年的重要历史时点上，中国正处于速度换挡、结构优化、动力转化以实现高质量发展的关键当口，有必要系统回顾总结新中国经济思想，较为全面地展示新中国成立 70 年以来中国经济思想在若干重要领域上的研究成果。这将为新时代构建有中国特色的社会主义政治经济学学科体系、学术体系和话语体系提供可靠立足点，同时基于对当代中国经济发展建设与民族复兴内在规律与经验的总结凝练，也将有助于指导并预测中国经济未来发展方向，明确新时期进一步加快实现民族复兴的道路选择，并为世界的经济发展提供具有可借鉴性和可推广性的"中国方案"。

目前，以整体视角全面梳理新中国经济思想的研究成果主要是一些通史性著作，以谈敏主编的《新中国经济思想史纲要（1949～1989）》"新中国经济思想史丛书"等为代表。这类著作通常以理论经济学和应用经济学一级学科为基础构建总的研究框架，然后再以其各自的二级学科为单位，逐一展开研究。这类研究的优点是有利于严格遵循经济学的学科体系，涵盖范围较广，学术系统性较强。但是其更加侧重经济思想学术层面的探讨，对经济思想的实践层面探讨不多。而且，一些具有丰富经济思想内容但没有作为独立二级学科存在的领域，未能被这类研究纳入其中。

与此同时，还有一类研究以张卓元主编的《新中国经济学史纲（1949～2011）》为代表，既包括以时间线索划分的通史性考察，也包含有专题式的研究（如社会主义市场经济理论、所有制理论、企业制度理论、农业经济理论、产业结构与产业组织理论、价格改革理论、宏观经济管理改革理论、财政理论、金融理论、居民收入理论、社会保障理论、对外开放理论等），更好地将经济理论研究与中国重大发展改革问题联系起来。这类研究的优点在于更贴近中国本土的经济问题，不拘泥于经济学科的科目划分。但由于涉及内容广泛但又多以单部著作的形式呈现，篇幅有限，所以对于所考察的经济思想常常难以做到史料丰富详实、分析细致深入。

因此，如何拓宽研究视角、创新研究体系和方法，进而对新中国经济思想的理论变迁与实践探索展开更为全面且系统深入的研究，是"复兴之路：新中国经济思想研究"丛书（以下简称丛书）拟做的探索。

对于中国经济思想的探索与创新研究，需要正确处理好学科导向和问题导向的关系。不能局限于学科导向而忽视中国经济现实问题，应该在确保学科基质的基础上以问题导向开展相关研究。同时，也要认识到，中国经济现实问题中蕴含着学科发展的内在要求、学科延伸的广阔空间、学科机理的不断改变。据此，丛书尝试突破学科界限，构建以重大问题导向为划分依据的研究框架。紧密围绕中国经济建设的目标与诉求、挑战与困境，针对新中国经济发展过程中重大问题的理论探索设计若干子项目，分别以独立专著形式展开研究。这种研究框架，能够更加紧密地融合理论与实践，更加具有问题意识，有助于将中国经济改革与发展中形成的重要经济思想充分吸纳并作系统深入的研究，可视为对上述两种研究体系的一种补充和拓展。

在研究体例和方法上，丛书所含专著将致力于在详尽搜集各领域相关经济思想史料的基础上，一方面对该思想的产生背景、发展演变、阶段特征、突出成果、理论得失、未来趋势等方面进行系统梳理与考察，另一方面则围绕思想中所体现的重大理论与现实问题，在提出问题、捕捉矛盾、厘清思路、建立制度、投入实践乃至构建理论等方面做出提炼与判断。同时将尽可能把握以下几点：

第一，把握各子项目研究的核心问题和主旨线索。因为丛书是以重大理论与现实问题导向为切入口，那么所探讨的经济思想就要能触及中国社会主义经济理论与市场经济建设的关键实质，聚焦问题的主要矛盾，进而更有针对性地串联起相关的经济思想。例如，在"新中国经济增长思想研究"中，著者认为经济增长方式（主要分为外延式和内涵式）的明确、选择与转换，是中国经济增长研究的主旨线索；在"新中国产业发展思想研究"中，著者认为根据不同时期的结构性条件变化，选择发挥外生比较优势的产业发展路径还是塑造内生竞争优势的产业发展路径是经济思想探讨的关键；在"新中国民营经济思想研究"中，不同时期以来我国各界对于民营经济的态度、定位及其在社会主义建设中的角色则是一个重要问题，等等。只有把握住核心问题与主旨线索，才能使得经济思想史的研究更有聚焦，在理论贡献挖掘与现实启迪方面更有贡献。

第二，明确各子项目研究的历史分期。由于各子项目均将以独立专著形式出现，考虑到篇幅及内容的系统性，丛书选择以纵向时间作为基本体例。在历史分期的问题上，丛书主张结合中国宏观经济体制、经济学术及诸多背景环境因素的阶段性变化，但更为根本的是应探索各子项目核心问题的内在发展逻辑，以此作为历史分期的主要依据。所以不同子项目可能会以不同的历史分期作为时间框架。

第三，综合运用多种方法，对各子项目所包含的经济思想进行全面且系统的解读。在运用史料学、历史分析等经济史学传统研究方法的基础上，注重采用现代经济学、经济社会学等相关理论和历史比较制度分析、历史计量分析、经济思想史与经济史交叉融合的研究方法，进而以研究方法的创新来推动观点与结论的立体化与新颖化。

本丛书的策划缘起于我所主持的 2017 年上海哲学社会科学规划"新中国 70 周年研究系列"项目——复兴之路：新中国经济思想研究，后有幸被增补为"十三五"国家重点出版物出版规划项目。当然，相关书稿的写作许多在 2017 年之前就已经开始，有些还是获得国家社科基金资助的著作。最初设计时选取了 20 个经济思想主题，规划出版 20 本著作，涵盖了新中国经济思想的许多重要方面，具体包括：新中国经济增长思想研究、新中国经济转型思想研究、新中国对外开放思想研究、新中国经济体制改革思想研究、新中国国企改革思想研究、新中国民营经济思想研究、新中国金融体制改革思想研究、新中国农村土地制度改革思想研究、新中国经济特区建设思想研究、新中国产业发展路径选择的经济思想研究、新中国旅游产业发展与经济思想研究、新中国国防财政思想与政策研究、新中国财税体制改革思想研究、新中国反贫困思想与政策研究、新中国劳动力流动经济思想研究、新中国城镇化道路发展与经济思想研究、新中国区域发展思想研究、新中国城市土地管理制度变迁与经济思想研究、新中国城乡经济关系思想研究、新中国经济理论创新等。后来由于各种原因，至丛书首次出版时完成了其中的 13 本著作，对应上列 20 个主题的前 13 个，其他著作以后再陆续出版。

丛书依托于上海财经大学经济学院。上海财经大学经济学院是中国经济思想史与经济史研究的重要基地和学术中心之一。半个多世纪以来，在以胡寄窗先生为代表的先辈学者的耕耘下，在以谈敏、杜恂诚、赵晓雷教授为代表的学者的努力下，上海财经大学经济思想史、经济史学科的发展对我国经济史学学科的教育科研做出了重要贡献。在学科设置上，经济学院拥有国家重点学科——经济思想史，并设有国内首家经济史学系和上海财经大学首批创新团队"中国经济转型的历史与思想研究"，致力于促进经济思想史和经济史学科的交叉融合，并实行中外联席系主任制、海外特聘教授制等，多渠道、多方式引入海内外优质教育资源，极大地促进了中国经济史学研究的国际化和现代化。

近年来，上海财经大学经济史学系建立起梯队完善、素质较高的人才队伍，聚焦于新中国经济思想史研究，已形成了一批具有影响力的学术成果，为本项目的顺利开展奠定了基础。丛书的写作团队即以上海财经大学经济学院经济史学系的师生、校友为主，其中部分校友任职于复旦大学、深圳大学、上海社会科学院、中国浦东干部学院等高校和科研机构，已成为相关单位的学术骨干。同时，部分书目也邀请了经济学院政治经济学系的几位学者撰写。在整体上，形成了老中青结合、跨学科互补的团队优势与研究特色。当然，由于作者的学科背景有别、年龄层次差异、开始着手研究撰写的时间和前期积累状况不同，以及研究对象的复杂性和整体计划完成的时间有限等原因，丛书中各著作的写作风格并不完全一致，还存在诸多不足，也未能完全达到预期目标，敬请读者批评指正！丛书创作团队将以此批研究成果为基础进一步深化对新中国经济思想的研究。

丛书的出版得到了经济科学出版社的大力支持。此外，丛书也得到了理论经济学上海Ⅱ类高峰学科建设计划项目、上海财经大学中央高校建设世界一流大学学科和特色发展引导专项资金及中央高校基本科研业务费资助项目等的资助。在此一并致谢！

程 霖

2019 年 7 月

# 目 录
CONTENTS

## 第一章

# 导论

第一节　选题缘由　　2
第二节　关键概念　　5
　一、特区与特区路径　　5
　二、特区路径下的经济体制　　9
第三节　文献综述　　10
　一、经济思想史与思想史的研究　　10
　二、特区经济体制改革研究　　12
　三、特区经济体制改革与中国改革路径的研究　　15
第四节　研究思路　　16
　一、分析框架　　16
　二、章节安排　　21
　三、创新与不足　　22

## 第二章

## 中国经济体制改革与特区的一般性描述

第一节　基于空间视角下的中国经济体制改革　　24
第二节　全国范围内经济体制改革思想的简要回顾　　27
　　一、转轨前中期计划与市场相互契合的经济体制改革思想　　27
　　二、转轨中后期社会主义市场经济体制改革思想　　30
　　三、体制完善期的统筹发展改革思想　　33
　　四、全面深化改革时期的综合改革思想　　36
第三节　宏观视角下特区改革与发展简史　　40
　　一、转轨前中期特区的改革与发展　　40
　　二、转轨中后期特区的改革与发展　　42
　　三、体制完善期特区的改革与发展　　45
　　四、全面深化改革期特区改革与发展的新动向　　48

## 第三章

## 特区内部经济体制改革政策思想

第一节　转轨前中期对外开放导向的渐进市场化思想
　　　　（1979～1992年）　　52
　　一、初创时期的探索性改革思路（1979～1984年）　　53
　　二、对传统体制重点突破的系统性改革思路（1985～1992年）　　56

三、转轨前中期内部经济体制改革政策思想的评析　　62

第二节　转轨中后期经济体制改革政策思想的两个转型
　　　　（1992～2002年）　　68
　　一、从特殊政策导向到体制创新导向　　68
　　二、从重点改革到全面改革　　71
　　三、转轨中后期经济体制改革政策思想评价　　77

第三节　体制完善期目标多样化的综合配套改革思想
　　　　（2002～2012年）　　79
　　一、全面型配套试验区的改革思路　　80
　　二、专题性配套试验区的改革思路　　86
　　三、体制完善期多样化的综合配套改革思想的评价　　93

第四节　全面深化改革期特区内部经济体制改革思想简介
　　　　（2012年至今）　　96

# 第四章

# 特区外部经济体制改革政策思想

第一节　特区外部纵向经济体制改革政策思想　　100
　　一、两种改革权释放方式——发包分权思想与核准分权思想　　100
　　二、特殊政策内涵的演变　　106
　　三、特区区位选择思路的演变　　111
　　四、省/直辖市政府对待特区的思路　　115

第二节　特区外部横向经济体制改革政策思想　　119
　　一、外引内联思想　　120

二、区域一体化思想　　127
三、关于特区外横向经济体制改革政策思想的小结　　133

# 第五章

# 对经济体制改革特区路径的探讨

第一节　对经济体制改革中特区地位的认识　　138
　一、关于经济体制改革中特区作用认识的演变　　138
　二、对经济体制改革特区路径的经济学分析　　144
第二节　关于特区的四次批判　　149
　一、基本历程　　150
　二、评析　　153

# 第六章

# 特区路径下经济体制改革思想总论

第一节　特区路径下经济体制改革思想的两个总体描述　　158
　一、特区路径下经济体制改革思想的演变脉络　　158
　二、特区路径下经济体制改革思想的领先性与一致性　　163
第二节　特区路径下经济体制改革思想演变解析　　166
　一、解释框架　　166

二、更细致的解释　　169
第三节　特区路径下经济体制改革思想的意义与局限性　　172
　　一、特区路径下经济体制改革思想的意义　　172
　　二、特区路径下经济体制改革思想的局限性　　177
第四节　结束语——异化中的重构　　178

参考文献　　183
后记　　196

# 第一章

# 导　论

## 第一节　选 题 缘 由

如果对中国改革开放历程的空间顺序进行简要回顾，不难发现，经济体制改革并不总是同时在全国绝大多数地区展开。相反，许多改革往往首先发生于局部地区，其后再在全国范围铺开。这种时空不一致的改革方式并不仅仅可以用于对家庭联产承包责任制这类自下而上的改革进行描述，也适用于描述由中央政府选择若干试点地区先行一步，进而以试点示范带动全国其他地区跟进的改革。后者最典型的案例莫过于中央政府在改革开放之初设立经济特区、沿海开放城市，以及进入 21 世纪以来先后设立的诸多国家级综合配套改革试验区和国家级新区，并且通过更大程度的释放经济管理权限、赋予特殊经济政策等方式鼓励这些地区率先对改革的重点领域进行突破。由于经济特区、国家级综合配套改革试验区等特区是这种改革方式中最显著的标志，我们不妨将这种因中央政府主动选择而带有时空顺序差异的改革方式称为特区路径。毫无疑问，特区路径是中国改革的重要方式。理解特区路径，不仅有助于增进对改革历程的把握，也有助于进一步对改革方案进行设计。

本书试图从经济思想史的学科视角出发，通过对特区路径下经济体制改革思想进行系统的梳理，考察并解释相关思想的演变，进而对中国改革的特区路径加以把握。这里有两个问题需要回答：第一，既然特区路径是中央政府主动选择的结果，为何不直接考察中央政府主导下的全国范围的改革，而要对特区路径进行考察？第二，相对于直接对相关改革历程进行分析，从经济思想史的学科视角出发对思想文本材料进行考察有何独特价值？

关于第一个问题，尽管特区路径主要表现为"从中央政府授权并鼓励特区率先改革，到特区示范并带动全国范围改革"的试验推广过程，但其核心环节在于中央政府向特区政府优先释放部分改革权并赋予其他地区所不享有的经济管理权限与特殊政策。这种特殊的制度安排不仅使特区政府可以参与改革设计，同时还为特区政府的先行改革探索提供了额外的激励。很显然，从制度变迁参与者和相应的激励条件两方面来看，特区路径既不同于中央政府直接设定改革方案并在全国范围内渐次推开的试验推广式改革，也不同于平衡分权条件下地方政府主导的改革，而是一种带有时空差异的独特改革方式。基于这一判断，在理解和分析上自然不能以中央政府主导下的全国范围的改革代替之，而应该深入分析各制度变迁主体的制度变迁行为及其所面临的约束条件，这样才能更好地把握相关历史过程。

关于第二个问题，尽管可以基于若干基础性假设（如成本—收益分析），结合特区路径下中央政府、特区政府以及非特区政府等制度变迁参与者的改革实践，在逻辑上重构特区路径的作用机制与实践过程，但是这种理解方式本质上是一种事后推测，其结论容易受到研究者自身相关知识和态度的影响，如对历史进行事后诸葛亮式的评价。更为重要的，特区路径下经济体制改革主要表现为政府主导的强制性制度变迁，各级政府相关政策文件不仅包括政府事前对改革所做的设计，还在一定程度上显示了政府的行为动机与约束条件。在此条件下，通过对相关政策文件和重要人物言论中的经济体制改革思想进行分析，不仅可以更好地还原各级政府在推行改革时的行为动机与约束条件，进而基于事前视角形成关于特区路径的理解，还可以对认知方面的理性边界进行考察，并提出相关政策建议。[①]

通过对两个问题的回答，我们不难明晰研究特区路径下经济体制改革政策思想及其演变的意义。著名经济学家约瑟夫·熊彼特在《经济分析史》中认为：经济思想"从具体事物中展示逻辑，从行动中展示逻辑，并展示与想象和目的密切结合的逻辑"。[②] 特区路径下经济体制改革思想也是如此，通过对这些思想材料的研究，至少可以了解到：

特区政府在特区路径下率先进行经济体制改革时的思考方式。在改革的特定阶段，特区政府先于其他地方政府获得更大的改革权和经济管理

---

① 事实上，当被研究的经济行为主体数量较多且没有相关资料佐证这些行为主体的行为动机时，人们才会基于成本—收益这样的方法去假设行为主体的行为模式，并依此推断均衡变动的原因，例如供给和需求曲线。

② 约瑟夫·熊彼特：《经济分析史》（第一卷），中译本，商务印书馆2001年版，第21页。

权，使其可以通过先行改革获得体制上的优势，并将这种体制上的优势转化为特区政府自身收益；在改革的另一阶段，特区政府所获得的特殊政策逐渐被取消或普惠化，使特区在体制上的垄断优势被打破，随之则是特区政府收益降低。那么，在两种条件下，特区政府如何构建相关经济体制改革政策思想？无疑，这些经济体制改革政策思想将不仅影响与特区相关的经济体制改革，还将影响中央政府的相关决策思路。

中央政府以特区路径推行经济体制改革时的思考方式。特区路径是分权改革的一种特殊形式，中央政府需要在改革的特定阶段内优先向特区政府赋予更多的改革权与经济管理权，那么中央政府如何设计改革权的释放方式？如何对特殊政策进行设计以实现特定改革目标？又是如何选择特区区位的？很显然，中央政府的相关思考不仅影响特区政府构建经济体制改革政策思想时的约束条件，也通过特区政府经济体制改革实践结果的反馈影响中央政府下一阶段的决策，并更为深刻的作用于特区路径的设计以及中国经济体制改革上。

人们对特区和特区路径的理解与评价。特区与特区路径是伴随着改革开放的步伐而产生的，在这个思想不断解放的时代，任何重大的改革举措都不再仅仅是国家领导人思想的实践，人们可以参与对这些改革举措的讨论，并提出自己的看法，对于特区和特区路径尤为如此。这些观点、分析甚至批判又通过某种反馈机制，影响特区政府甚至中央政府对相关经济体制改革政策思想的构建，而严谨的经济学分析又可以增进人们对特区和特区路径的理解，并也在某种程度上对特区路径的设计产生影响。

另外，如果将上述三方面经济体制改革思想综合在一起，则至少可以增进对特区路径这一中国特有经济体制改革方式的总体理解——通过构建一幅不同线索思想相互影响的动态图，把握思想演变的脉络与原因，进而从事前的角度出发理解特区路径的走向。并且，通过对思想演变历史把握，有助于发现人们在设计改革方案时思维上的局限性，这一点对于优化进一步改革方案的意义是不言自明的。事实上，中国的经济体制改革总是与占主导地位的经济思想的变迁紧密交织，思想观念的解放启动了改革，而改革又反过来推动了思想观念的进一步解放。从这个意义上讲，对思想进行把握是完全有必要的。

## 第二节 关键概念

### 一、特区与特区路径

当前理论界对特区这个概念的内涵与外延并无一致性意见。有观点将特区内涵界定为在一国领土范围内实施特殊经济政策和特殊管理制度的经济性区域。根据这一内涵界定，特区的外延包括自由港、自由贸易区、工业园区、科技园区和综合型经济特区等，而其统称为经济特区，代表性观点如陈文灿与金晓斌（1996）、俞可平与倪元辂（2000）、罗清和（2001）、罗清和与张克听（2018）以及钟坚（2006）等。也有观点将特区的内涵界定为在全国经济体制改革大规模开展之前，先行进行经济体制改革的地区。根据这一内涵界定，特区的外延就是指20世纪80年代成立的经济特区和21世纪初成立的国家综合配套改革试验区，而其也以经济特区作为其统称，代表性观点包括林毅夫等（1993）、利特瓦克和钱颖一（Litwack and Qian，1998）、陶一桃与鲁志国（2008；2016）等。除上述观点之外，还有观点将特区的内涵界定为"在全国改革目标模式还不很明朗时，最先以某种（任何一种）已经存在的经济体制为学习目标的特殊体制试验区"，其政府"必须是有（至少在一定程度上有）自行决定各项改革政策的权力"，是一种"全方位改革的区域性试点"（樊纲等，2009）。而其所界定外延也与第二种观点相同。

基于以经济体制改革为核心的选题取向，本书在借鉴后两种观点的基础上，将特区的内涵界定为：在全国经济体制改革的特定阶段，以特殊政策形式先于其他地区获得中央政府更大改革授权（包括经济管理权）并且有能力进行全方位经济体制改革的区域。对特区概念内涵的界定为本书分析的开展提供了便利，根据这一界定，我们可以将分析重点聚焦在"特区政府如何利用改革授权进行经济体制改革""中央政府如何进行改革授权"以及"基于时空非平衡的改革授权方式,特区与非特区政府之间如何对地区间经济体制进行改革"这三个问题以及相关的问题上。

关于特区概念外延的界定,如果仅仅从特区概念内涵的界定来进行考察,大致可以将改革开放初期成立的经济特区、21 世纪初期成立的国家级综合配套改革试验区和国家级新区纳入其中,并且从更为广义的角度出发,可以将 20 世纪的沿海沿江沿边开放城市、21 世纪初设立的诸多自贸区以及区域合作规划中所覆盖的行政区域也视为特区。这种界定方式的优点在于能够全面地把所有符合特区概念内涵的地区都纳入,然而其缺点在于:将某些改革代表性和示范性不强的地区也纳入特区中,无法凸显特区路径的独特意义,并且徒增分析的难度。基于这一考虑,本书将特区路径的外延界定为 20 世纪 80 年代成立的经济特区和 21 世纪成立的国家综合配套改革试验区,其时空界定如表 1-1、表 1-2 所示。

表 1-1　　　　　　　　　　经济特区

| 序号 | 名称 | 成立/批准时间 |
| --- | --- | --- |
| 1 | 深圳经济特区 | 1980 年 8 月 |
| 2 | 珠海经济特区 | 1980 年 8 月 |
| 3 | 厦门经济特区 | 1980 年 10 月 |
| 4 | 汕头经济特区 | 1981 年 11 月 |
| 5 | 海南经济特区 | 1988 年 4 月 |

表 1-2　　　　　　　　　国家综合配套改革试验区

| 序号 | 名称 | 成立/批准时间 |
| --- | --- | --- |
| 1 | 上海浦东新区综合配套改革试验点 | 2005 年 6 月 |
| 2 | 天津滨海新区综合配套改革试验区 | 2006 年 5 月 |
| 3 | 重庆市全国统筹城乡综合配套改革试验区 | 2007 年 6 月 |
| 4 | 成都市全国统筹城乡综合配套改革试验区 | 2007 年 6 月 |
| 5 | 武汉城市圈全国资源节约型和环境友好型社会建设综合配套改革试验区 | 2007 年 12 月 |

续表

| 序号 | 名称 | 成立/批准时间 |
|---|---|---|
| 6 | 长沙株洲湘潭城市群全国资源节约型和环境友好型社会建设综合配套改革试验区 | 2007年12月 |
| 7 | 深圳市综合配套改革试点 | 2009年5月 |
| 8 | 沈阳经济区国家新型工业化综合配套改革试验区 | 2010年4月 |
| 9 | 山西省国家资源型经济转型综合配套改革试验区 | 2010年11月 |
| 10 | 义乌市国际贸易综合改革试点 | 2011年3月 |
| 11 | 厦门市深化两岸交流合作综合配套改革试验区 | 2011年12月 |
| 12 | 黑龙江省"两大平原"现代农业综合配套改革试验区 | 2013年6月 |

关于上述特区概念外延的界定，有4点说明需要指出。第一，本书并未将2010年5月设立的新疆霍尔果斯经济特区和喀什经济特区纳入，其原因在于这两个特区设立的目的更多在于推动区域经济发展，而不是为了全国范围改革进行先期探索，这与本书的研究主旨和对特区内涵的界定相差甚远，故不将其纳入。第二，本书也没有将2012年起陆续成立的金融改革试验区（浙江温州、广东珠江三角洲等）、华侨试验区（广东汕头）、陆海试验区（江苏南通）和沿边试验区（广西东兴、黑龙江满洲里等）纳入特区外延，其原因在于这些特区的改革在很大程度上已经为综合配套改革试验区和国家级新区所践行（如金融改革），继续将这些试验区纳入考察自然不合适。第三，本书不将2013年起陆续设立的自由贸易试验区（如上海、天津、广东等地设立的自贸区）视为特区，虽然自贸区的改革具有试验和示范性质，但是自贸区改革本身并不是全面综合性改革，而是聚焦于国际贸易领域的改革，由此将自贸区视为特区改革的举措之一会更为妥当。第四，本书亦不将京津冀一体化、长三角一体化以及粤港澳大湾区这类区域一体化发展战略所涉及的地区视为特区，如此处理的原因在于这类发展战略所注重的是区域内不同地区的协同发展，并且区域本身还包含若干本书所界定的特区，将这些一体化战略所涉及的改革视为特区外部横向经济体制改革是更为妥当的处理方式。

根据对特区内涵的界定，特区路径是指在经济体制改革特定阶段由中央政府以赋予特殊政策形式，向局部地区地方政府优先释放更大的改革授权与经济管理权，以激励这些地区（特区）先行进行经济体制改革探索，并为下一阶段全国经济体制改革大规模展开提供借鉴和参考的改革方式。这种改革方式的基本流程是：

（1）中央政府选择部分地区作为特区，先行赋予这些地区的地方政府一定改革权，并鼓励这些地方政府利用改革权率先展开各项改革探索；

（2）优先获得改革授权的地方政府（特区政府）利用所得改革权，结合自身约束条件，先于其他地区展开改革探索；

（3）中央政府对特区先行改革探索的成果进行判读，并在适当的时机将优先授予特区政府的改革权同等地授予所有地方政府，并鼓励这些地方政府展开相同或类似的改革；

（4）所有地方政府在相同的改革授权下展开改革，从而在全国范围内实现改革。

很显然，特区路径是一种由于中央政府改革权在地方政府间释放顺序所形成的带有时空差异性的分权改革方式，在这种改革方式下，作为改革先行地区的特区并不是一般意义上的试点。另外，如同樊纲教授对特区和一般意义上的试点所做的区分："'试点'指的是对一项特别的政策的局部试验……（试点）每开始一项新的政策都由中央决策，由中央部门安排试点"，而特区是拥有"改革自主权"的"全方位改革的区域性试点"，"特区政府的特点必须是有（至少在一定程度上有）自行决定各项改革政策的权力……（特区政府）要直接对各种相关关系做出反应，而不需要事事都等着中央政府安排试点"（樊纲等，2009）。由于特区不是一般意义上的试点，因此特区路径并不能简单地等同于试验推广的改革方式。

需要强调的是，路径一词在新制度经济学中往往与路径依赖这一概念相互联系——所谓路径依赖，是指制度变迁过程中后期制度安排状态与结构取决于前期制度安排状态与结构的性质，它强调不同时期制度安排之间的内在关联以及所对应制度变迁过程的独特性。从中国改革现实来看，尽管设立特区以推进经济体制改革在一定程度上可以视为是中央政府单方面决策的结果，然而，改革开放初期经济特区取得的巨大成功强化了中央政府延续既往选择的动力；更为重要的是，基于中国的行政结构与经济结构，如果要避免分权改革进程中的搭便车行为和地区间的无序竞争，通过设立特区以推进改革成为中国改革的必然选择（陶一桃、鲁志国，2016；陶一桃，2018）。基于上述分析，本书在此处选择特区路径一词作为对中国以设立特区来推进体制改革这一改革方略的概括。

## 二、特区路径下的经济体制

根据张卓元主编的《政治经济学大辞典》，经济体制（economic system）是指"一个经济体为了配置资源和对其成员分配利益所必然具有的、组织协调内部各种经济要素和全部经济活动的一整套制度安排……经济体制只能指一个经济系统的制度总体"。[①] 由此，当我们把经济体制和特区路径两者结合在一起考察时，可以把特区路径下的经济体制简要地理解为与特区经济运行相关的制度安排系统。

此处所需要强调的是，通常在提及特区路径下经济体制或特区路径下经济体制改革一词时，人们往往会将其理解为特区范围内的各种经济制度安排总和，这实际上是一种片面的理解。特区绝对不是中国经济体制中的"孤岛"，尽管特区范围内的经济体制在改革特定阶段具有相对的独立性——特区政府展开各项经济体制改革探索的基础是中央政府的改革授权；作为中国经济运行中的一个节点，特区不可避免地要与其所处的环境发生纵向和横向的经济联系，而这些经济联系的实施与维系又依赖于相应的经济制度安排。这里纵向经济联系主要是指特区政府与中央政府及所属省级政府在经济运行管理上的联系，横向经济联系则是指特区与特区外无政府行政隶属关系的地区在经济交往上的联系。也就是说，所谓特区路径下的经济体制，实际上应当分为三个相互关联的部分：

特区内部经济体制，完全实施于特区范围内的经济制度安排总和；

特区外部纵向经济体制，特区政府与中央政府及所属省级政府在经济运行管理上的制度安排总和；

特区外部横向经济体制，特区与特区外无行政隶属关系的地区在经济

---

[①] 张卓元：《政治经济学大辞典》，经济科学出版社1998年版，第77页。

交往上的制度安排总和。

由此，特区路径下的经济体制改革也对应的分为三个部分，即特区内部经济体制改革、特区外部纵向经济体制改革和特区外部横向经济体制改革。

## 第三节 文 献 综 述

根据研究内容的侧重点不同，本书将既有关于特区经济体制改革的研究划分为三类加以评述，这三类分别是：经济思想史与思想史的研究、特区经济体制改革研究、特区经济体制改革与中国改革路径的研究。

### 一、经济思想史与思想史的研究

在既有经济思想史与思想史的研究中，对邓小平同志关于经济特区的言论观点的研究最多，其中毛立言、陈永民（1995）根据经济特区建设的历程对邓小平经济特区思想产生的历史条件、理论基础和体系内涵进行了梳理与总结；余其铨、董本建（1995）对邓小平特区思想的时代背景、理论渊源、思想内涵以及理论与实践意义进行了探讨，并结合所探讨的内容对深圳经济特区的发展进行考察；彭立勋（1998）按照特区的窗口作用、特区的改革试验、特区的经济发展以及特区的科技发展等专题，分别对构成邓小平经济特区建设理论的对外开放理论、市场经济理论、经济发展理论以及科技理论等专题进行探讨；与此类似的是刘茂才等（2001）按照经济特区的性质与模式、特区的经济建设、特区的文化建设等专题对邓小平同志关于特区的论述进行讨论；另外，林崇钧（2004），欧大军、梁钊（2004），许经勇（2004）和钟坚（2004）也对邓小平的经济特区思想进行了论述。除经济思想之外，余其铨等（2001）还从邓小平哲学思想入手，按照逻辑关联将其划分为"'解放思想，实事求是'：邓小平哲学思想的精髓""'一切从实际出发'：邓小平哲学思想的逻辑起点"等九个专题，然后以每个专题的主旨考察评价深圳经济特区建设的实践。

除了对邓小平同志关于经济特区的言论观点进行研究之外，钟坚（2000）对江泽民同志关于经济特区发展的言论观点进行了梳理总结，在此基础上，其又对江泽民经济特区思想的内涵价值进行了探讨（2002）；王关义（2003）对江泽民经济特区发展思想的形成、基本框架和理论特征进行了详尽的论述；苏东斌（2003）对胡锦涛同志考察广东省与深圳经济特区时对特区发展所提的要求进行了解读，由此探讨了经济特区进一步发展的道路。另外，罗海平（2011）还从马克思、恩格斯到毛泽东、邓小平等马克思主义经典作家的著作中对有关经济特区的观点进行了理论溯源；余其铨、董本建（1995）中也有类似的工作。除了对重要人物关于经济特区的观点展开解读分析之外，杨润时等（1993）和钟坚等（2010c）还分别对邓小平同志关于经济特区的言论和包括邓小平、江泽民、胡锦涛以及温家宝等党和国家领导人在内的关于经济特区的言论进行了整理汇编。

关于经济思想史和思想史类的研究，所必需肯定的是，这些研究对相关思想素材进行了卓有成效的总结和精炼，并且提供了富有借鉴意义的解读视角与方法，这为本书的开展提供了便利。然而，此类研究在研究对象的选择上主要集中于党和国家领导人的言论观点以及马克思主义经典作家的著作和言论，而没有对更为广泛的思想文本材料——如政府政策文件、规划纲要进行考察。很显然，这种研究对象选择方式无法反映特区路径下经济体制改革思想的全貌，因为以特区路径推进改革的重要一环是特区政府在优先获得中央政府改革授权的情况下主动进行改革试验，而党和国家领导人的言论观点更多是中央政府意志的体现，较少体现特区政府的相关构思；而且，党和国家领导人的言论观点往往是对改革进程高度凝练的总结或关于进一步改革方向的总体构思，较少涉及具体的改革安排。更为关键的是，这种样本选择偏好在很大程度上限制了从经济思想史视角把握特区路径的独特优势——通过对事前思想文本材料的解读，总结人们在选择和实践特区路径时观念上的经验与教训。

## 二、特区经济体制改革研究

既有关于特区经济体制改革的研究可以分为综合研究与专题研究两类，我们按此分类对其加以评述。

### （一）特区经济体制改革中的综合研究

特区发展通史是特区经济体制改革综合研究中最常见的研究形式，其中，苏东斌等（2001）依照时间顺序分别对深圳经济特区、珠海经济特区、汕头经济特区、厦门经济特区、海南经济特区以及上海浦东新区的建设历程进行分析与叙述；陶一桃、鲁志国等（2008，2010）在苏东斌等（2001）的基础上，增加了对天津滨海新区、成都市以及重庆市的考察；而樊纲等（2008）则是在提出考察特区的转轨经济学视角和发展经济学视角基础上，将各特区作为一个整体进而从理论、历史和展望三个层面对其进行探讨；刘海善（2008）从政治学和社会学的角度出发，对深圳等经济特区与上海浦东新区所享受的特殊经济政策的演变路径做了总体刻画分析。除了对多个特区进行考察的研究之外，也有以单个特区为样本的通史研究，其中江潭瑜、邢峰、李凤亮等（2010）按照时间顺序对深圳经济特区的建设历程进行了考察与总结，而更进一步的是乐正、黄发玉等（2010）从经济、社会与文化角度对深圳经济特区30年建设所取得成就的梳理与总结；此外，曹锡仁、鲁兵（2008），徐冰（2008）和周金泉（2008）也分别以类似的方式考察了海南经济特区建设历程。

在史论性质的研究之外，陈文灿、金晓斌（1996）对中国经济特区的性质特点、投资环境、产业结构等方面进行全方位的考察，类似的研究还有陈乔之（1994）和周文彰（2008）；罗清和（2001；2018）以及张克听（2018）从特殊的经济政策和特殊的管理体制这两条思路出发，对世界上主要类别的经济特区进行了考察，并重点分析了中国经济特区的发展；另外，钟坚（2006）对世界上各类别的经济特区中的典型案例的发展模式进行了分析；而苏东斌、钟若愚等（2004）则是以深圳经济特区为样本，将其经济体制改革分解为公司治理结构、市场体系培育、金融体制创新等专题，然后分别予以讨论以期形成对深圳经济特区经济体制改革的完整理解；与此类似的是，赵启正（2007）在经济全球化背景下，从金融体制、对外经济体制、政府管理体制等方面对上海浦东新区的发展做了全方位的考察；还有，王家庭（2009）运用制度变迁理论、创新扩散理论等工具对设立国家综合配套改革试验区的必要性、设立条件以及考评指标进行纯理论讨论，在此基础上进一步对天津滨海新区建设进行了实证研究并提出相关政策建议；周洪晋等（2008）则在总结历史的基础上按照专题划分分别对海南经济特区在经济建设与政治建设的成就做了全面的回顾。

既有的特区经济体制改革的综合研究为本书的展开提供了富有借鉴意义的视角，如樊纲等（2008）和王家庭（2009）的研究。另外，这些研究为本书的展开提供了诸多历史材料，尤其是关于特区经济体制改革的通史研究。然而值得注意的是，这类研究的分析重点更多集中于特区范围内的经济体制改革上，即所谓的特区内部经济体制改革，而较少关注到特区外部经济体制改革，如中央政府对特区政府释放改革权的方式。尽管这种研究侧重点的选择并不必然影响对特区内部经济体制改革的理解，然而却对更为完整地把握特区路径造成一定困难，因为特区路径的实施不仅包括特区范围内经济体制的变迁，还包括特区政府与其所对应的上级政府以及特区政府与非特区政府之间一系列制度安排的调整，后两者是特区路径下经济体制改革的必然构成。另外，这些研究主要以特区的改革历程与结果为对象进行分析和评价，从研究对象与改革行为发生的时间顺序来看属于对改革的事后分析。这种事后分析固然可以为我们更好地理解相关改革进程和制定下一步改革策略提供借鉴，但如果对发生于改革之前的经济体制改革思想进行考察，人们则还可以了解到人们在设计特区路径及相关改革时的构想和思维方式，包括某些思维方式中的弱点。由于特区路径下经济体制改革主要表现为政府主导的强制性制度变迁，把握相关思维方式及其中的某些弱点，对于构建和优化进一步改革的方案设计无疑是有意义的。

## （二）特区经济体制改革的专题研究

由于特区经济体制改革的专题研究在内容上更为分化，因而在此将考查的重点放在较为全面的专题研究上，而对于那些对当前或历史上某时期的经济体制改革中某个专题的期刊论文探讨，本书将其视为经济思想史材料而不引述。

在对特区经济体制改革的专题研究中，与政府行为相关的研究学者有江曙霞等（2008）、沈德理（2004）和陶一桃等（2010）。其中，江曙霞等（2008）从行政性分权和经济性分权两条线索出发，对厦门经济特区政府在经济体制改革、经济发展战略等方面上的作为进行了考察；沈德理（2004）从政治学角度对海南经济特区政府在经济体制改革上的创新行为进行了回顾与探讨；陶一桃（2010）对深港两地以及广东省的公共经济体制进行了比较研究。熊哲文（2006）和谭兵、符琼光等（2008）对与特区经济体制改革相关的法制建设进行了讨论，其中，熊哲文（2006）分别考察了深圳等五个经济特区以及世界上主要经济特区的法制环境与立法体系，而谭兵、符琼光等（2008）则是对海南经济特区中的法制体系建设进行了讨论。罗清和（1999）对与特区产业发展战略相关的制度安排进行了讨论。该研究以深圳经济特区为样本，详尽考察了特区产业发展战略的演变以及相关制度安排的变迁。孙森（2007）与王爱俭（2009）对特区金融体制建设进行了讨论，这两个研究都对天津滨海新区在金融体制建设上的探索历程进行回顾，并对未来的发展提出了政策建议。除了上述研究之外，邓子基等（1994）对经济特区引进外资的税收政策进行了讨论，汤锦森等（2003）对深圳罗湖区社区型股份合作经济的发展进行了研究，马进保、易志华（2006）对泛珠三角经贸关系的法律体系构建进行了讨论，而李仁君等（2008）和汤文山（2010）分别对海南特区的区域合作和深港区域经济合作体制进行了探讨，等等。除了专门的著作之外，袁易明教授主编的《中国经济特区研究》中还有大量关于特区经济体制改革的专题讨论（袁易明，2008~2018），在此就不予赘述了。

关于对特区经济体制改革的专题研究的评价，首先必须指出的是，尽管本书研究的旨趣在于从大方向上对特区经济体制改革进行把握，而不在于对具体制度安排的细节进行深入探讨，但是这些研究却为笔者把握特区经济体制改革提供了更为细致详实的资料；另外，如江曙霞等（2008）所提供的行政性分权与经济性分权的分析框架对于本书分析思路的构建具有很强的借鉴意义。当然，这些研究也有一定的不足之处，例如缺乏对中央政府与地方政府经济运行管理权限划分的动态考察——只是将中央政府的相关政策作为给定,等等。不过,由于这些研究的侧重点不在于此,因而这种不足并不十分紧要。

## 三、特区经济体制改革与中国改革路径的研究

既有关于特区经济体制改革与中国改革路径的研究中,钱颖一等人(Qian et al., 1988)从组织协调角度出发,探讨了中国M型经济结构与苏东国家U型经济结构在制度变迁过程中的差异,解释了包括经济特区在内的试点改革为何在中国取得了成功;在近十年后,利特瓦克和钱颖一(1998)又从经济政策在空间上的非平衡性出发,对经济特区吸引投资、技术、信息的作用进行了考察,认为经济特区是中国转型的催化剂;而罗海平(2011)遵循利特瓦克和钱颖一(1998)的思路,认为经济特区表征了中国"整体渐进、局部跃进"的空间非均衡转型路径,特区是市场经济诱致变迁的空间起点;另外,陶一桃(2010a)从改革阻力与风险角度出发考察了经济特区的发展,认为设立经济特区是中国改革的唯一路径;而王家庭(2009)以国家综合配套改革试验区为例,也做了类似的讨论;苏东斌、钟若愚(2010)从经济特区经济体制改革历史经验出发,认为经济特区之于当前与今后中国改革的使命在于通过完善市场经济体制带动相应的政治体制改革,最终促进中国经济与政治体制的改革。

特别值得关注的是陶一桃、鲁志国(2016)从转轨经济学和发展经济学角度论证了中国选择特区路径的必然性,其认为特区的设立和先行改革不仅有效地降低了改革的阻力和风险,进而使改革得以推进和持续;并且通过特区自身的发展形成经济增长极,进而通过扩散效应带动特区周边的经济发展。除此之外,该研究还结合特区改革发展历程从理论贡献、制度贡献等方面探讨了特区对中国道路的影响,进而勾画了经济特区的新使命。可以认为,该研究是迄今为止关于特区改革和中国改革路径最全面、最深刻的研究了。

与这种宏观探讨不同,葛伟(Ge, 1999a; 1999b)和帕克(Park, 1997)以资本、技术、信息的流向考察了经济特区促进中国改革开放与经济自由化的作用,类似讨论还存在于沃尔(Wall, 1993)、克兰(Crane,

1994）以及吴维平（Wu，1999）的研究中；此外，周黎安（2008）在行政发包制和晋升锦标赛制的分析框架下，考察了设立特区对地方政府官员激励的作用。当然，也有人认为设立特区以推进全国范围内改革这一路径加剧了地区间差距从而带来地区间恶性竞争以及国内市场分割等后果（杨瑞龙，1994；Young，2000；Jones，Li and Owen，2003；Sarma，2007）。除了上述研究之外，还有研究将特区经济体制改革作为佐证中国改革路径的材料加以叙述（刘树成、吴太昌，2008；姚洋，2008）；以及朱德米（2004）就经济特区对中国政治格局的影响所进行的考察。

既有对特区经济体制改革与中国改革道路的研究为本书的展开提供了诸多有益的视角，例如钱颖一等人（1988）提供的组织行为协调视角和周黎安（2008）提供的解释地方官员行为的理论框架，又如王家庭（2009）和陶一桃（2010a）提供的降低改革风险与阻力的解释，以及陶一桃、鲁志国（2016）的转轨经济学和发展经济学视角的考察，再如帕克（1997）与葛伟（1999a；1999b）的实证工作思路，等等。那些对中国改革路径的批评同样也提供了富有见地的见解。当然，这些研究依然存在一定的局限性。例如，这些研究较少深入讨论对特区存在与否至关重要的特区外部纵向经济体制，如中央政府的特殊政策是指定制度安排还是授权特区对制度安排进行选择？中央政府如何对特区经济体制改革进行风险控制？等等。又如，这些研究同样也是以对特区路径下相关改革的历程和结果为研究对象，较少对改革行为发生之前的经济思想材料进行事前分析。很显然，这些局限性为本书的展开提供了空间。

## 第四节　研　究　思　路

一、分析框架

（一）基本原理

意大利著名历史学家贝奈戴托·克罗奇（Benedetto Croce）在《历史

学的理论和实际》一书中对纯粹史料堆砌式的编年史研究进行了严肃批判，他指出："把编年史清除杂质、分成断简、重新加以组合、重新加以安排以后，它们永远还是编年史，就是说，还是空洞的叙述；把文献恢复过来、重现出来、加以描述、加以排比，它们仍旧是文献，就是说，仍旧是无言的事物"。① 对于经济思想史研究，无疑也应当注意避免成为文献汇编式的讨论。笔者导师赵晓雷教授指出，经济思想史有三种基本的写法，即：（1）在人们的经济言论中提炼出经济学理论要素，并加以评析；（2）按照一定标准对特定经济问题的观点、思想进行梳理，由此发现经济思想演变的脉络；（3）在特定的历史背景下，解释经济思想产生和演变的内在逻辑。笔者以为，就本书研究对象的特性而言，应该按照赵晓雷教授的第三种见解展开本书的研究，这也是避免贝奈戴托·克罗奇所批判的文献汇编式研究的根本途径。

根据马克思主义辩证唯物主义基本原理，经济思想是经济实践在人们头脑中的反映，反过来又会对人们的经济活动发挥一定的指导作用。美国著名经济学家道格拉斯·诺思（Douglas North）则指出："理解经济变迁过程的关键在于促使制度发生变迁的参与者的意向性以及他们对问题的理解"，因为"主导信念——那些处在做决策位置的政治和经济企业家的信念——随着时间的推移促成了决定经济和政治绩效的精致的制度结构的共生"。② 对于特区路径下的经济思想而言，同样可以用上述原理来理解——因为特区路径是分权改革的特殊形式，它在中国的政治经济制度环境中，形成一种巧妙的制度安排；而这种打破平均主义③的巧妙制度安排又是推动相关经济体制改革思想前进的重要机制；相关经济体制改革思想在付诸实践后，又进一步推动机制的改进，并形成一个良性循环，即经济体制改革的信念与实践不断自我强化的循环。在本书此后的讨论中，将揭示这一点。在此之前，应当对特区路径中主要参与者的决策问题进行描绘。

---

① 贝奈戴托·克罗奇：《历史学的理论和实际》，商务印书馆2005年版，第15页。
② 道格拉斯·诺思：《制度、制度变迁与经济绩效》，人民大学出版社2008年版，第3页。
③ 邓小平形象地称之为"让一部分人先富起来"。

## （二）特区路径下经济体制改革的主要决策问题

特区路径，如此前概念释义中所述，是分权改革的特殊形式，其特殊性的核心在于中央政府在经济体制改革的特定阶段对特区政府实施包含更大改革权的特殊政策。这种特殊的分权改革在分析上带来两个影响：第一，由于是分权改革，因此需要将中央政府和地方政府拆分成两个相对独立的决策者来看待，中央政府并不直接参与微观与中观层面的制度安排供给；第二，由于中央政府在改革特定阶段向少数地方政府优先释放更多的改革权，因此地方政府中又可以分为两类决策者：特区政府和非特区政府。特区政府在经济体制改革上具有先行先试的优势，也就是说，特区路径形成了一个由中央政府、特区政府和非特区政府所构成的博弈结构。

根据此前对特区路径下经济体制改革的分解，特区内部经济体制改革政策思想和外部经济体制改革政策思想实际上是这三者博弈的均衡解。具体而言，特区内部经济体制改革政策思想是特区政府基于中央政府赋予特殊政策/特殊政策取消条件下的决策思路，特区外部纵向经济体制改革政策思想是中央政府在向下分权与推动经济体制改革间权衡取舍的结果，特区外部横向经济体制改革政策思想则是地区间制度与政策平均或非平均状态变更条件下博弈参与人主导信念变更的结果。

图1-1是特区路径下经济体制的粗略分解，双箭头代表博弈关系，粗线框代表经济体制部分，细线框是博弈参与人。在这种博弈结构下，特区路径下经济体制改革的主要决策问题包括：

特区内部经济体制改革：改革的总体目标是什么？在哪些领域进行改革？重点领域的改革的基本思路是什么？改革的动力是什么？等等。

特区外部纵向经济体制改革：如何对特区政府释放改革授权？如何构建特殊政策的内涵？如何选择特区区位？等等。

特区外部横向经济体制改革：特区与非特区之间的横向经济关系如何定位？特区与非特区之间如何展开横向经济合作？等等。

这些问题作为特区路径下经济体制改革的主要决策问题，自然成为特区路径下经济体制改革政策思想的主要内容。

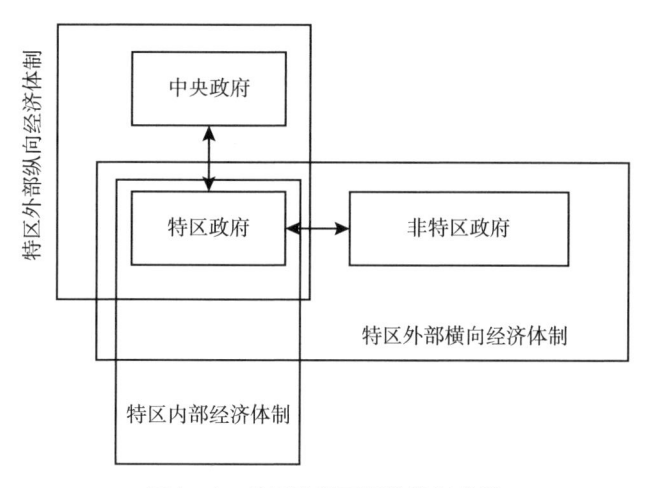

图 1-1　特区路径下经济体制分解

### (三) 特区路径下经济体制改革思想的主线

此前的讨论业已给出勾画特区路径下经济体制改革思想的两条主线，即特区内部经济体制改革政策思想和特区外部经济体制改革政策思想。值得注意的是，除了直接对如何展开经济体制改革的讨论之外，对于特区路径本身的讨论也构成特区路径下经济体制改革思想的一条主线。这一条主线中包括了对特区作用的理解、对特区路径的经济学分析以及对特区的批判等内容。与前两条思想主线不同，这一条思想主线在很大程度上来自价值中立者的判断；在一个思想不断解放的时代里，这些判断对前两条思想主线的演变产生了一定的影响。

需要强调的是，本书对前两条思想主线中研究对象的取舍将以各级政府的改革政策思想为研究对象。如此取舍的理由有三点：其一，特区路径下经济体制改革更注重的是实践性而不是理论性，对经济特区是否是国家资本主义纯学理探讨永远也无法推动相关的经济体制改革，事实上，特区路径下经济体制改革在很大程度上就如邓小平同志1992年南巡时讲的那样，"不争论，大胆地试，大胆地闯"。① 由于相关经济体制改革主要是由

---

① 《邓小平文选》第三卷，人民出版社1994年版，第374页。

各级政府所推动的,因此把研究对象聚焦在经济政策思想上是自然而然的。其二,从笔者前期对相关经济思想材料的分析来看,理论界对于如何展开经济体制改革的探讨,在改革方案设计的广度和深度上并未比政府的构思有显著优越,这其中的主要原因仍然在于改革的实践色彩,使政府的构思在很大程度上领先于理论界的探讨,而这一性质使政府改革思路在很大程度上成为当时代表性的改革思路。其三,以各级政府的经济体制改革政策思想为研究对象,可以较好地与特区路径这一特殊的分权改革相契合并进行相关分析,因为各级政府就是其中利益相关者;如果以理论界所设计的改革方案为研究对象,由于理论界的价值中立性,使其难以纳入这个框架中加以讨论。因此,本书将在特区内部经济体制改革政策思想和特区外部经济体制改革政策思想的研究中,以政府的改革思路作为研究对象。

### (四) 经济政策思想的粗细度

在展开对特区路径下经济体制改革政策思想的考察之前,还需要进一步限定所考察经济政策思想的粗细度。所谓思想的粗细度,是指被研究的经济政策思想在逻辑上的从属关系或内容上的细致程度,例如对某个领域改革的总体性论述和该领域中具体制度安排的改革思路都从属于经济思想范畴,但是两者不论在内容上还是逻辑层级上都绝对不可等量齐观,前者在逻辑上是根本性的、指导性的,而后者则更多是前者在逻辑上的自然延伸和与具体实践相结合的产物。借用计算机领域的概念,本书以粗细度一词来概括这种逻辑从属关系或内容上的细致程度。

在本书中,笔者将关注的重点放在特区路径下经济体制改革思想中具有全局性或根本性意义的思想上,尤其是对于特区内部经济体制改革政策思想的考察上。也就是说,在本书随后的研究中,一些具体的改革方案并不会成为分析的重点,尽管许多时候许多改革方案不论在逻辑构思上还是实施后的影响上都富有研究价值。在对特区路径本身的讨论这条思想线索的分析中,笔者也将重点聚焦在具有开创意义或转折意义的思想上,而不是巨细无遗地介绍和分析所有的观点。

本书如此处理的原因有三点。第一,经济思想史研究的根本任务。经济思想史研究的根本意义并不在于如同电影胶片一样将人们关于经济问题的思想活动巨细无遗地记录下来、重新筛选和归类，以当前人们所能够理解的语言进行转述，而在于通过对历史上思想的对比和分析，揭示人们在经济相关问题上的全局性和根本性的思维方式，然后以此对经济行为历史进行解释，并且为人们改进对未来改革方案的设计提供借鉴。这就要求经济思想研究者必须把关注的目光落在至少是研究者自身所认为的全局性和根本性的思想上，而不是细枝末节的观点和论述上。

第二，经济政策思想与经济行为的可分性。经济思想史研究与经济史研究的一个重要区别在于前者关注于思想的分析，而后者关注于行为的分析。然而对于经济政策思想而言，思想与行为在政策实践层面往往是难以分离的。例如，深圳经济特区初创时期对超额工作量提供额外激励，这本身是一种改革行为，但同时又蕴含了注重激励的经济思想，研究实际上很难将思想和行为这两重属性截然分开。然而一旦将关注重点上升至全局性和根本性的经济政策思想上时，这种困难就在很大程度上消失了，因为每一项改革都是由具体的改革行为所支撑的，而全局性和根本性的经济体制改革设计则成为这些具体改革行为后面的指导思想，其必然属于经济思想史研究对象范畴。

第三，研究者精力约束。特区路径下经济体制改革是一个系统工程，在每一个大的改革领域范围内，又可以细分为诸多具体的改革措施，而绝大多数改革措施又是由诸多政府部门中无数工作人员辛勤劳作所制定的。以笔者有限的精力去处理这些具体的资料自然是不现实的，因此即使从研究者精力约束角度出发，笔者也只能够选择那些全局性和根本性的经济体制改革政策思想进行研究，对许多具体的改革政策则必然有所取舍。

## 二、章节安排

根据前述讨论，本书此后的章节安排如下：

第二章对中国经济体制改革与特区进行一般性介绍，包括基于空间视角关于中国经济体制改革的理解、中央政府对全国经济体制改革的思路，以及特区改革与发展的基本历程。这些一般性介绍将有利于读者了解特区路径的独特性，进而可以更好地理解特区路径下的经济体制改革思想。

第三章对特区内部经济体制改革政策思想进行探讨。该章根据全国经济体制改革阶段和特区改革阶段划分，将特区政府的内部经济体制改革政策思想按照转轨前中期（1979~1992年）、转轨中后期（1992~2002年）、体制完善期（2002~2012年）和全面深化改革时期（2012年至今）进行划分，进而归纳和分析其主要内容。其中，由于最后一个时期尚在进行当中，许多观点与事件尚未形成足够的沉淀以供分析，故仅只能简单介绍。

第四章是关于特区外部经济体制改革政策思想的探讨。根据特区外部经济体制所涉及对象的行政级别，该章以两节篇幅分别总结和分析特区外部纵向经济体制改革政策思想和特区外部横向经济体制改革政策思想。

第五章对各历史阶段关于特区路径的探讨进行梳理，就对特区作用的理解、对特区路径的经济学分析以及对特区批判的代表性观点进行述评。相比前两章的经济体制改革政策思想而言，这一部分内容具有了更多价值中立的色彩。

第六章是全书的总论，首先对特区路径下经济体制改革思想的总体脉络进行描述，并结合中国政治经济的制度环境解释相关思想的演变逻辑。然后，笔者将基于此前分析结论对特区路径的意义和局限性进行探讨，这一点使相关研究不仅具有理论意义，同时也具有现实意义。

## 三、创新与不足

本书的创新在于两点：

其一，当前学术界尚无对特区路径下经济体制改革思想进行较为全面系统的研究，对于这一点从本书对既有研究的综述中可以看出。

其二，笔者力图将特区路径下的经济体制改革思想与中国政治经济的制度环境结合在一起形成动态的解释，从而增进人们对特区路径这一中国特有的经济体制改革方式的理解，这一点也与既有研究的思路不同。

限于个人能力约束，笔者仅在所有思想材料中抽绎出三条基本线索并加以研究，而整个特区路径下经济体制改革思想的内容则远不止于此，这种研究范围上的局限性无疑是本书的不足。另外，在特区内部和外部经济体制改革政策思想的研究中，笔者以政府的政策思想作为研究对象，也使研究范围受到局限。很显然，这两个不足之处，也是未来研究拓展的努力方向。

# 第二章

# 中国经济体制改革与特区的一般性描述

要把握特区路径下经济体制改革思想，必须结合中国经济体制改革的大背景来展开。本章用三节的篇幅分别介绍基于空间视角下的中国经济体制改革的理解，中央政府对全国经济体制改革的基本思路，以及特区改革与发展基本历程。由此以便于读者对后续内容进行理解。

## 第一节　基于空间视角下的中国经济体制改革

中国经济体制改革是一场伟大的变革，对于这场变革的理解，可以从不同的角度来展开，有论者从改革的领域着手对经济体制改革的主要领域进行分门别类的考察，如刘树成、吴太昌（2008）；亦有论者从中央政府和地方政府在改革过程中所扮演的角色出发来进行分析，如杨瑞龙（1998）、杨瑞龙和杨其静（2000）等。就本研究的主题而言，笔者认为可以从空间视角来理解中国经济体制改革，因为在改革的特定阶段通过设立特区以推进改革，其必然涉及对改革空间顺序的选择，特区实际上就是率先进行改革的地区。

基于这样的理念，可以进一步对经济体制改革的进程和所试图解决的问题作出如下理解：改革的起点是高度集中的计划经济体制，如图2-1所示。在计划经济体制中，各级政府的经济计划是最重要的资源配置方式，如纵向粗箭头所示。经济计划由上至下逐级发包，即中央政府把经济计划发包给各地方政府，并进一步细分下放给层级更低的单位去执行。各地区之间自主经济联系很少，绝大部分跨区域联系都是通过更高一级政府以经济计划的方式进行协调。也就是说，即使不同地区空间上相毗邻，在经济上却如同孤岛，如图2-1中各政府辖区内各小方格一样相互隔离。

而经济体制改革的目标（至少是阶段性的）则是建设有中国特色的社会主义市场经济体制，如图2-2所示。在中国特色社会主义市场经济体制中，市场机制在资源配置过程中起到基础性作用，尽管政府仍然在一定程度上对经济运行进行调控，但其干预力度与频次都远远低于计划经济体制下的干预，纵向细箭头表示强度较低的干预。地区间行政边界不再阻碍要素流动，要素在市场机制作用下跨地区自由流动，如各地区间横向箭头所示。由于整个经济体形成一个统一市场，在市场机制的作用（以及政府必要的调控）下，资源配置效率和社会福利都实现最大化。

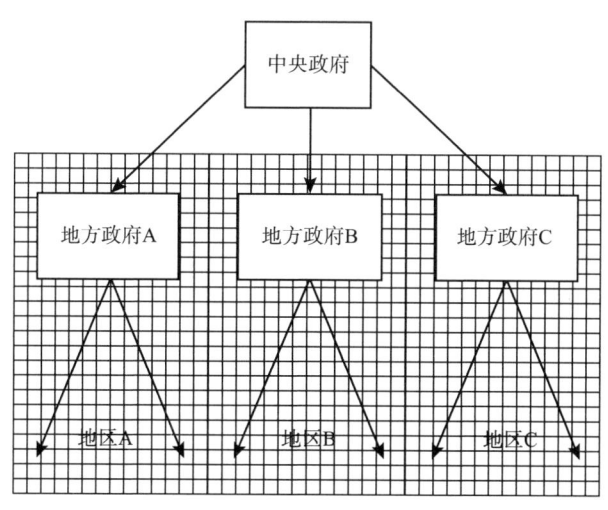

图 2-1　中国计划经济体制

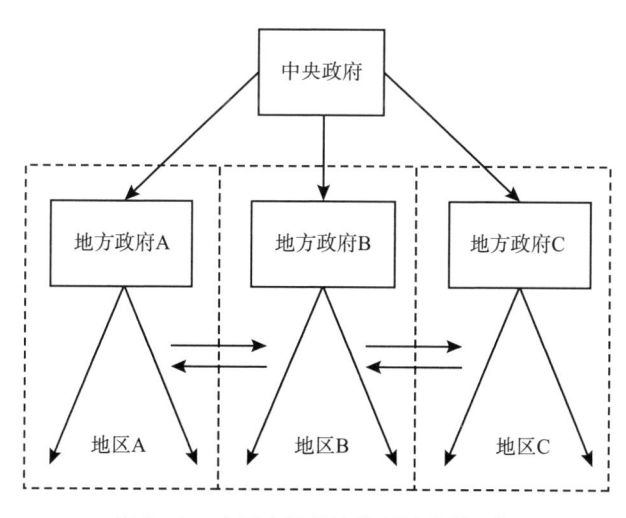

图 2-2　中国市场经济体制阶段性目标

从图2-1所示的高度集中的计划经济体制转向图2-2所示的有中国特色的社会主义市场经济体制，包括两个基本的举措：第一，从中央政府开始，各级政府都不断地向下分权以减少政府干预，从而使微观个体能够成为自主决策、自负盈亏的市场参与主体。第二，培育各类市场，鼓励微观个体积极参与市场；并且，不断推动市场的融合直至全国范围统一市场形成，从而使要素在更大范围的市场内进行配置并最大化配置效率和潜在社会收益。在该过程中，第一个是根本性的，如果没有政府的分权和对微观个体的"激活"，市场培育和发展则无从谈起。然而，分权和"激活"本身并不必然带来市场的繁荣。一方面，市场的繁荣依赖于一系列制度安排的确立、实施与维护，而微观主体并不必然是高效的制度供给主体，尤其是当这些制度在很大程度上具有公共物品的属性时。另一方面，地方政府作为高效率的制度安排供者，在地区间竞争过于激烈时会倾向于资源更多用于赢得竞争的短平快举措上，而不是继续推进改革。不难发现，当分权顺序设计不当时，这种改革陷于停滞和混乱的风险尤为凸出。由此，如何分权成为改革的重要问题。

从中国经济体制改革的实际进程来看，中国并没有如同俄罗斯那样采取"大爆炸"的方式——一步到位把大部分权力都释放给地方政府，再由地方政府向下释放，而是采取了渐进的方式进行释放，即在改革的特定阶段优先向部分地方政府释放更大的改革权和经济管理权（如图2-2中向地方政府A优先分权），以使这些地区先行改革，然后在下一个改革阶段再向所有地方政府赋予相同的权力，以使改革在全国范围实现，这也就是本书所探讨的特区路径。很显然，在特区路径这种改革空间顺序策略中，既有的经济结构在很大程度上得到保留——这使中国经济体制改革更多表现为"改革"而非"革命"。而这种保留也成为特区路径下经济体制改革的重要约束，即特区的改革必须在中央政府改革授权框架内行动，因此特区内部经济体制改革与特区外部纵向经济体制改革乃至中央政府改革思路相关；另外，特区的先行改革既有一定独立性，又同时对特区与非特区地区之间的横向经济体制形成冲击，由此使特区内部经济体制改革与外部横向经济体制改革相关。将上述实践层面的关联映射至思维层面，则构成对应经济体制改革思想之间的关联。而这种关联，则成为把握特区路径下经济体制改革思想演变的重要途径。

## 第二节 全国范围内经济体制改革思想的简要回顾

根据此前分析，作为一个行政权力由上至下逐级制衡的单一制国家，即便相关的经济体制改革具有强烈的分权色彩，中央政府的经济体制改革思想始终是根本性的。对中央政府在全国范围的经济体制改革思想进行简要回顾，有助于对比发现特区路径下经济体制改革思想的特殊性。依照中国经济体制改革历程，这里将相关改革思想的演变历史划分为四个阶段进行回顾，即：（1）转轨前中期，1978～1992年；（2）转轨中后期，1992～2002年；（3）体制完善期，2002～2012年；（4）全面深化改革期，2012年至今。

### 一、转轨前中期计划与市场相互契合的经济体制改革思想

1979年邓小平在接见吉布尼、林达光时说："我们是计划经济为主，也结合市场经济，但这是社会主义的市场经济……市场经济不能说只是资本主义的……学习资本主义国家的某些好东西，包括经营管理方法，也不等于实行资本主义。这是社会主义利用这种方法来发展社会生产力。"[①] 1981年6月中国共产党第十一届六中全会召开，会议决议指出："社会主义生产关系的发展并不存在一套固定的模式，我们的任务是要根据我国生产力发展的要求，在每一个阶段上创造出与之相适应和便于继续前进的生产关系的具体形式"。[②] 这些论述表明中央政府开始摆脱社会主义经济体

---

[①] 邓小平：《改革的步子要加快》，引自中共中央文献编辑委员会：《邓小平文选》第三卷，人民出版社1988年版，第236～243页。
[②] 中国共产党第十一届中央委员会：《关于建国以来党的若干历史问题的决议》，引自中共中央文献研究室编：《三中全会以来重要文献选编》（下），人民出版社1982年版，第788～846页。

制必然只能采取计划经济体制的传统观念,并转向更为灵活务实的经济体制选择策略,包括在某种程度上引入市场经济体制。

1984年10月,党的十二届三中全会通过《中共中央关于经济体制改革的决定》,提出中国的经济体制是有计划的商品经济,即以计划经济体制为主体,并且在一定程度上引入市场因素。所提出的改革思路总结如下。①

1. 基本经济制度改革

(1) 在坚持全民所有制经济主导地位的前提下,鼓励集体所有制经济、个体经济以及"三资"企业作为社会主义经济必要的有益的补充;(2) 在满足国家计划和管理的前提下,允许企业对经营方式、生产安排、产品定价、资金运用、人员雇佣以及工资制定进行选择和调整;(3) 以贯彻按劳分配制度为方向改革工资制度。

2. 市场体系建设与完善

(1) 改革过分集中的价格管理体制,逐步缩小国家统一定价范围、扩大价格浮动范围,调整部分定价;(2) 完全放开部分农副产品、日用小商品和服务修理业的市场管制;(3) 除关系国计民生和对外关系全局的产品和活动外,对其余产品和活动实行指导性计划或完全市场化;(4) 推动国内地区间和企业间的横向协作。

3. 政府职能转变

(1) 强化政府在经济计划与发展战略制定、地区部门及企业间关系协调、重点工程建设部署、经济信息汇集发布、经济法规制订执行、对外经济交流与合作方面的职能。(2) 弱化政府对企业的直接管理,使政府在原则上不再直接经营管理企业;对仍需直接管理的企业也采取简政放权。

4. 对外开放体制改革

(1) 改革外贸体制;(2) 办好经济特区,进一步开放沿海港口城市;(3) 鼓励外商举办合资经营企业、合作经营企业和独资企业。

---

① 中国共产党第十二届中央委员会:《中共中央关于经济体制改革的决定》,引自中共中央文献研究室编:《十二大以来重要文献选编》(中),人民出版社1986年版,第47~71页。

1987年10月，中国共产党第十三次全国代表大会报告对以建立有计划商品经济体制为目标的经济体制改革做了更进一步的阐述。其中：

在基本经济制度领域的改革要：（1）"实行所有权与经营权相分离，把经营权真正交给企业，使企业真正做到自主经营、自负盈亏"；（2）鼓励并保护私营经济；（3）允许股份制改革试验；（4）坚持按劳分配为主体，允许利息股息等其他分配方式作为补充。

在市场建设与完善上要：（1）"积极发展自主经营、自负盈亏的新型商业流通组织、外贸组织、金融组织和技术、信息、服务网络"；（2）在确保中央银行领导下，以国家银行为主体，推动不同金融机构的发展和金融工具的运用；（3）建立经济法规体系并加强司法监管。

另外，在党的十三大报告中还论及财税体制改革，提出要"根据公平税负、促进竞争和体现产业政策的原则，合理设置税种、确定税率"，并且"在合理划分中央和地方财政收支范围的前提下实行分税制"。[1]

相比后来的经济体制改革思想，转轨前中期的经济体制改革思想无论是在改革总体目标的预设还是在改革领域范围与改革思路上都有明显的局限性。例如，仍然坚持计划经济体制的主体地位、希望通过减少政府对企业经营的直接干预解决国有企业问题，等等。尽管如此，这一阶段经济体制改革思想确立了引入市场经济因素的改革取向，并且为市场经济的引入选择了系统的改革领域和范围，这不仅保证了20世纪80年代经济体制改革的平稳推进，也为此后建立社会主义市场经济体制这一改革目标的确立奠定基础，还为进一步改革方案的设计提供了借鉴。特别地，一些在今日看来的局限性并不必然是认知上的局限性，而是历史条件下的必然策略。例如，渐进地放开市场价格管制，在商品普遍短缺且人们缺乏价格知识的条件下，这一策略能够有效地在引入均衡价格系统时降低由非理性预期所带来的价格波动，从而使市场价格体系更快地取代计划价格体系。

---

[1] 赵紫阳：《沿着有中国特色的社会主义道路前进》，引自中共中央文献研究室编：《十三大以来重要文献选编》（上册），人民出版社1991年版，第4~52页。

## 二、转轨中后期社会主义市场经济体制改革思想

1992 年邓小平同志发表南方谈话,明确指出"计划多一点还是市场多一点,不是社会主义与资本主义的本质区别。计划经济不等于社会主义,资本主义也有计划;市场经济不等于资本主义,社会主义也有市场。计划和市场都是经济手段"。① 邓小平同志的观点彻底结束了市场化改革"姓资姓社"的讨论,使市场取向的改革成为不可逆转的历史潮流。1992 年 10 月中国共产党第十四次全国代表大会召开,江泽民同志在报告中提出:"我国经济体制改革的目标是建立社会主义市场经济体制……要使市场在社会主义国家宏观调控下对资源配置起基础性作用"。② 这些论述表明中央政府正式确立建立社会主义市场经济体制的改革目标,改革不再是利用市场对计划经济体制进行局部性修补,而是市场经济体制取代计划经济体制的过程。

1993 年 11 月,党的十四届三中全会通过《中共中央关于建立社会主义市场经济体制若干问题的决定》,对以建立社会主义市场经济体制为目标的改革做了更细致的设计与说明,其中的改革思路要点归纳总结如下。

1. 基本经济制度改革

(1) 在坚持公有制在全国范围内的主体地位前提下,鼓励个体、私营、外资等多种经济成分共同发展,国家要为各种所有制经济平等参与市场竞争创造条件;(2) 以建立现代企业制度为目标对国有企业进行改造,包括进行产权制度改革、企业经营机制改革、以产权为联结组建大型企业集团,等等;(3) 完善国有资产管理制度;(4) 以效率优先、兼顾公平为原则改革工资制度,国家对合法的工资以外的要素报酬进行保护,并允

---

① 邓小平:《在武昌、深圳、珠海、上海等地的谈话要点》,引自中共中央文献编辑委员会:《邓小平文选》第三卷,人民出版社 1993 年版,第 370~383 页。
② 江泽民:《加快改革开放和现代化建设步伐,夺取有中国特色社会主义事业的更大胜利》,引自中共中央文献研究室编:《十四大以来重要文献选编》(上),人民出版社 1996 年版,第 1~47 页。

许个人资本等生产要素参与分配；（5）建立多层次的社会保障体系和统一的社会保障管理机构，重点完善企业养老和失业保险制度。

2. 市场体系建设与完善

（1）进一步放开产品和服务价格，尽快取消生产资料价格双轨制；（2）发展和完善以银行融资为主的金融市场，推动资本市场发展债券、股票融资，规范货币市场行为；（3）改革劳动制度，发展多种就业形式，形成劳资双方双向选择、合理流动的就业机制；（4）在国家垄断城镇土地一级市场条件下，实行土地使用权有偿有限期出让制度，推动土地二级市场发展，加快城镇住房制度市场化改革；（5）发展会计师事务所、律师事务所、公正仲裁机构、信息咨询机构等市场中介组织；（6）改善和加强对市场的管理和监督。

3. 政府职能转变

（1）按照政企分开、精简、统一、效能的原则对政府机构进行精简改革，逐步减少专业经济部门，强化政府社会管理职能。（2）强化中央银行执行货币政策职能和监管职能；建立政策性银行和发展商业银行，分离政策性业务和商业性业务。（3）深化投资体制改革，竞争性项目投资由企业自主决策、自担风险；拓宽基础性公益性项目融资渠道，吸引社会资金参与基础性公益性项目投资建设。（4）合理划分中央与地方经济管理权限，赋予省、自治区和直辖市制定地区性法规、政策和规划的权力，允许其通过地方税收和预算调节本地区经济活动。

4. 财税体制改革

（1）将地方财政包干制度改为分税制，建立中央税收和地方税收体系，确保中央税、地方税和共享税；调整中央财政收入和地方财政收入比例和转移支付制度。（2）改革税收制度，推行增值税并调整部分税种；理顺国有企业所得税上缴和利润分配关系。（3）改进规范复式预算制度，建立政府公共预算、国有资产经营预算和其他预算；中央财政赤字不再向银行透支，由发行债券解决。

5. 城乡发展体制改革

（1）坚持和完善家庭联产承包责任制和统分结合的双层经营体制，允许延长承包期和集成承包经营权，有条件允许土地使用权依法有偿转让。

（2）推动乡镇企业和非农产业发展；积极培育农村市场；发展农村社会化服务体系。（3）政府建立健全基本农产品储备调节体系和市场风险基金，实行保护价收购制度；对农民负担的费用和劳务实行规范化法制化的管理。（4）允许和引导农业剩余劳动力向非农业部门和地区转移。

6. 对外开放体制改革

（1）通过推进经济特区、沿海开放城市、沿海开放地带以及沿边沿江和内陆中心城市的对外开放以实现全方位开放；办好经济技术开发区、保税区以形成各具特色的多层次开放格局；在工业和贸易领域开放基础上，拓宽对外开放领域。（2）改革对外经贸体制，建立适应国际通行规则的运行体系；以建立现代企业制度改革外贸企业，赋予生产和科技企业对外经营权；改革进出口管理制度，取消指令性计划和减少行政干预；完善出口退税制度。（3）拓宽外资投资领域，创造条件对外商投资企业实行国民待遇。

1997年9月中国共产党第十五次全国代表大会召开，江泽民同志在大会报告中对公有制经济的含义作了进一步的突破，指出"公有制经济不仅包括国有经济和集体经济，还包括混合所有制经济中的国有成分和集体成分。公有制经济的主体地位主要体现在：公有资产在社会总资产中占优势；国有经济控制国民经济命脉，对经济发展起主导作用……公有制实现形式可以而且应当多样化"。这一突破为推进基本经济制度领域的改革提供了理论基础。除此之外，在市场体系建设与完善方面，江泽民同志提出要"打破地区封锁、部门垄断，尽快建成统一开放、竞争有序的市场体系，进一步发挥市场对资源配置的基础性作用"。①

由于在经济制度与体制以及所有制实质与实现形式等问题上取得突破，并由此确立建立社会主义市场经济体制的改革目标，因此转轨中后期经济体制改革思想比前一阶段改革思想在改革领域的选择上更为全面，改革思路更为明确和深入。当这些改革思想成为改革实践后，极大地推动中国经济体制从高度集中的计划经济体制向市场经济体制转轨，并且使社会

---

① 江泽民：《高举邓小平理论伟大旗帜，把建设有中国特色社会主义事业全面推向二十一世纪》，引自中共中央文献研究室编：《十五大以来重要文献选编》（上），人民出版社2000年版，第1~51页。

主义市场经济体制基本框架迅速建立起来。尽管这一阶段的改革思想仍然存在一定的局限性，未能触及一些后来改革所面临的突出问题，但改革思想的实践成果和改革思想本身却为解决这些问题提供了基础和思路。

### 三、体制完善期的统筹发展改革思想

2002年10月，中国共产党第十六次全国代表大会召开，江泽民同志在大会报告中提出20世纪头二十年改革的主要任务是完善社会主义市场经济体制。这标志着中国经济体制改革进入对社会主义市场经济体制进行完善的阶段。2003年10月，胡锦涛同志在中国共产党第十六届三中全会上提出要"树立和落实全面发展、协调发展、可持续发展的科学发展观……是推进全面建设小康社会的迫切要求"。[①] 由此，科学发展观成为体制完善期中央政府构建改革思想、方案和推进改革进程的指导思想。

2003年10月，党的十六届三中全会通过《中共中央关于完善社会主义市场经济体制若干问题的决定》，提出完善社会主义市场经济体制的目标是要"按照统筹城乡发展、统筹区域发展、统筹经济社会发展、统筹人与自然和谐发展、统筹国内发展和对外开放的要求，更大程度地发挥市场在资源配置中的基础性作用，增强企业活力和竞争力，健全国家宏观调控，完善政府社会管理和公共服务职能，为全面建设小康社会提供强有力的体制保障"。[②] 更为具体的改革思路归纳总结如下。

1. 基本经济制度改革

（1）坚持公有制的主体地位，探索公有制的多种形式，并推动股份制成为公有制的主要实现形式；通过消除体制性障碍和放宽市场准入，大力发展和积极引导非公有制经济。（2）按照现代企业制度要求，对国有企业进行建立健全现代产权制度和完善公司法人治理结构的改革；对国有企业

---

[①] 胡锦涛：《树立和落实科学发展观》，引自中共中央文献编辑委员会编：《胡锦涛文选》第二卷，人民出版社2016年版，第104~105页。
[②] 中国共产党第十六届中央委员会：《中共中央关于完善社会主义市场经济体制若干问题的决定》，引自中共中央文献研究室编：《十六大以来重要文献选编》（上），中央编译出版社2005年版，第464~482页。

垄断行业按照政企分开、政资分开、政事分开的目标进行改革。（3）深化金融企业改革，对有条件的国有商业银行进行股份制改造，深化政策性银行改革；稳步发展各种所有制金融业。（4）坚持政府公共管理职能和国有资产出资人职能分开，积极探索国有资产监管和经营的有效形式；建立健全国有金融资产、非经营性资产和自然资源资产等的监管制度。（5）完善按劳分配为主体、多种分配方式并存的分配制度；整顿和规范分配秩序，加强对垄断行业收入分配的监管，完善和规范国家公务员工资制度，推进事业单位分配制度改革。（6）完善企业职工基本养老保险制度，逐步从市级统筹向省级统筹和全国统筹过渡；健全失业保险制度，实现国企下岗职工基本生活保障向失业保险并轨；完善城镇职工基本医疗保险制度，扩大基本医保覆盖面，推行职工工伤和生育保险；完善城镇居民最低生活保障制度，有条件的地方探索建立农村最低生活保障制度。

2. 市场体系建设与完善

（1）大力推进市场对内对外开放，加快要素价格市场化；通过废止妨碍公平竞争、设置行政壁垒的各种分割市场的规定，打破行业垄断和地区封锁，促进商品和要素在全国范围内自由流动和充分竞争。（2）推动资本市场的发展和完善，包括规范发展主板市场、推进风险投资和创业板市场建设、拓展债券市场、发展机构投资者、拓宽资金进入渠道、完善交易体系等；积极发展财产、人身保险和再保险市场；稳步发展期货市场。（3）推动土地、技术、劳动力等要素市场发展。（4）积极发展独立公正、规范运作的专业化市场中介服务机构；按市场化原则规范和发展各类行业协会、商会等自律性组织。（5）完善市场监督和执法体系；建立健全社会信用体系；完善金融监管体制。

3. 政府职能转变

（1）深化行政审批制度改革，切实把政府经济管理职能转到主要为市场主体服务和创造良好发展环境上。（2）健全货币政策传导机制；完善统计体制，健全经济运行监测体系；加强各宏观经济调控部门的功能互补和信息共享。（3）深化投资体制改革，包括通过扩大大型企业集团投资决策权、对非限制类项目投资实行备案制等方式进一步确立企业的投资主体地位；健全政府投资决策和项目法人约束机制；完善咨询论证制度，等等。

（4）通过调整政府职能机构设置、完善国家公务员制度等方法推进行政体制改革；合理划分中央和地方经济社会事务管理权责。

4. 财税体制改革

（1）推进财政管理制度改革，包括健全公共财政体制、深化财政预算和支出两条线管理的改革、完善预算编制执行和制衡机制、规范行政事业性收费以及强化预算绩效评价与监控；（2）改革税收制度，包括改革出口退税、统一各类企业税收制度、改进个人所得税、改革城镇建设税等。

5. 城乡发展体制改革

（1）通过保障农民对土地承包经营的各项权利、改革征地制度和征地程序等方式完善农村土地制度；（2）以发展农村专业合作组织、改革农业补贴方式、完善扶贫开发机制和探索建立政策性农业保险制度等方式健全农业社会化服务和农业支持保护体系；（3）深化农村税费改革，包括取消农业特产税、逐步取消农业税、推进县乡机构和农村义务教育制度改革等；（4）通过建立健全农村劳动力培训机制、深化户籍改革、流动人口管理等方式改善农村富余劳动力转移就业环境。

6. 对外开放体制改革

（1）按照市场经济和世界贸易组织规则的要求，加快涉外经济管理体制改革，进一步提高贸易和投资的自由；（2）建立健全外贸运行监控体系和国际收支预警机制；（3）完善对外投资服务体系，赋予企业更大的境外经营管理自主权。

特别需要指出的是，在2007年召开的中国共产党第十七次全国代表大会上，胡锦涛同志在大会报告中特别提出要"更好发挥经济特区、上海浦东新区、天津滨海新区在改革开放和自主创新中的重要作用"，并且要"深化沿海开放，加快内地开放，提升沿边开放，实现对内对外开放相互促进"。[①]

相比转轨中后期的经济体制改革思想，体制完善期的改革思想有了更大的突破，这不仅表现在改革举措上更为进取——如全面推进股份制改

---

① 胡锦涛：《高举中国特色社会主义伟大旗帜，为夺取全面建设小康社会新胜利而奋斗》，引自中共中央文献研究室编：《十七大以来重要文献选编》（上），中央文献出版社2009年版，第1~43页。

造、积极与世贸规则统一等,也表现在改革领域的增多和深入上——如对资本市场的完善和对农村经济体制的改革等,还表现在改革统筹性和系统性的增强上。这些改变不仅是对前一阶段改革中尚未解决的问题提出的针对性解决思路,也反映了中央政府对经济体制改革将要面临的问题的预见。在这一阶段的改革实践中,部分改革构想的落实情况并不理想。但这并不意味着改革思路的某种局限性,相反,改革构想与实践的某些差异恰好意味着改革构想的预见性和改革者的魄力,因为其所针对的都是深层次、难度大的改革问题,只有直面并努力解决这些问题才能够将经济体制改革真正推进。

## 四、全面深化改革时期的综合改革思想

2012年11月,中国共产党第十八次全国代表大会召开,胡锦涛同志在大会报告中指出:"全面建成小康社会,必须以更大的政治勇气和智慧,不失时机深化重要改革领域改革"。[①] 2013年11月中国共产党第十八届三中全会召开,习近平同志指出:"实践发展永无止境,解放思想永无止境,改革开放也永无止境,停顿和倒退没有出路,改革开放只有进行时、没有完成时。面对新形势新任务,我们必须通过全面深化改革,着力解决我国发展面临的一系列突出矛盾和问题,不断推进中国特色社会主义制度自我完善和发展"。[②] 这标志着中国经济体制改革进入对社会主义市场经济体制基本框架进行全面深化改革的阶段。这一阶段中央政府进行经济体制改革的根本指导思想是习近平新时代中国特色社会主义思想。

2013年11月,中国共产党十八届三中全会通过《中共中央关于全面深化改革若干重大问题的决定》(以下简称《决定》)。《决定》提出,"紧紧围绕使市场在资源配置中起决定性作用深化经济体制改革,坚持和

---

① 胡锦涛:《坚定不移沿着中国特色社会主义道路前进,为全面建成小康社会而奋斗》,引自中共中央文献研究室编:《十八大以来重要文献选编》(上),中央文献出版社2014年版,第1~44页。

② 习近平:《关于〈中共中央关于全面深化改革若干重大问题的决定〉的说明》,引自中共中央文献研究室编:《十八大以来重要文献选编》(上),中央文献出版社2014年版,第493~510页。

完善基本经济制度，加快完善现代市场体系、宏观调控体系、开放型经济体系，加快转变经济发展方式，加快建设创新型国家，推动经济更有效率、更加公平、更可持续发展"。① 特别地，该决定指出"必须注重改革的系统性、整体性、协同性"以及"加强顶层设计和摸着石头过河相结合，整体推进和重点突破相促进，提高改革决策科学性，广泛凝聚共识，形成改革合力"。② 经济体制改革的具体思路归纳如下。

1. 基本经济制度改革

（1）坚持公有制的主体地位，积极发展混合所有制经济，推动国有资本、集体资本、非公有制资本等交叉持股、相互融合；完善产权保护制度，保护各种所有制经济产权。（2）推动国有企业完善现代企业制度，包括健全公司法人治理结构、建立职业经理人制度、推进国有企业财务预算等重大信息公开等；改革国有资本控股经营的垄断行业，通过实行网运分开、放开竞争等方式进一步破除行政垄断。（3）进一步放开对非公有制经济的限制，包括制定非公有制企业参与特许经营的具体办法、鼓励非公有制企业参与国有企业改革、允许民间资本发起中小银行等金融机构等。（4）完善国有资产管理体制，包括组建国有资产运营公司、支持有条件的国企改组为国有资本投资公司等。（5）以着重保护劳动所得为目的改革健全工资制度；规范国有企业管理人员薪酬；多渠道增加居民财产性收入；建立个人收入和财产信息系统；整合城乡居民基本养老保险制度和基本医疗保险制度，推进城乡最低生活保障制度统筹发展，完善社会保险关系转移接续制度等；建立公开规范的住房公积金制度；健全社会保障财政投入制度，完善社会保障预算制度。

2. 市场体系建设与完善

（1）建立公平开放透明的市场规则，包括实行统一的市场准入制度、探索对外商投资实行准入前国民待遇加负面清单管理模式、推进工商注册制度便利化等。（2）完善市场定价机制，以放开竞争性环节价格等方式推进水、石油、天然气、电力、交通、电信等领域价格改革；提高政府定价

---

①② 中国共产党第十八届中央委员会：《中共中央关于全面深化改革若干重大问题的决定》，引自中共中央文献研究室编：《十八大以来重要文献选编》（上），中央文献出版社2014年版，第511~546页。

的透明度；完善农产品价格形成机制。（3）完善金融市场体制，包括降低金融业准入门槛、推进股票发行注册制改革、推动股权融资、规范债券市场等；推进人民币汇率市场化和资本项目可自由兑换、加快利率市场化；建立存款保险制度；完善金融机构市场化退出机制等。（4）建立城乡统一的建设用地市场，扩大国有土地有偿使用范围，减少非公益性用地划拨。（5）深化科技体制改革，健全技术创新的市场导向机制；健全技术创新激励机制；发展技术市场。（6）通过统一市场监管、废止妨碍市场统一和公平竞争的规定和做法等途径改革市场监管体系；建立全社会征信体系；健全市场退出机制。

3. 政府职能转变

（1）深化行政审批制度改革，加强政府各类公共服务提供；（2）健全宏观调控体系；（3）深化投资体制改革，对除涉及国家安全和生态安全、全国重大生产力布局、战略性资源开发和重大公共利益以外的项目，一律由企业自主决策；（4）优化政府组织结构，包括推动公办事业单位去行政级别、推广政府购买服务、统筹党政群机构改革、推进大部制改革、严格控制机构编制和财政供养人员数量；（5）进一步理顺中央地方关系，包括完善发展成果考核评价体系、优化行政区设置、在有条件的地方推进省直管县（市）体制改革等。

4. 财税体制改革

（1）改进预算管理体制，包括改变预算审核重点、建立权责发生制的政府综合财务报告制度、建立跨年预算平衡机制、建立中央和地方债务管理与风险预警机制。（2）完善一般性转移支付增长机制，规范中央对地方财力缺口的转移支付，逐步取消竞争性领域专项和地方资金配套。（3）完善税收制度，包括调整增值税、消费税，逐步建立综合与分类相结合的个人所得税制，加快房地产税立法和加快资源税改革等；统一税收优惠政策的管理。（4）通过调整中央与地方的事权划分和支出责任划分，建立事权和支出责任相适应的制度。

5. 城乡发展体制改革

（1）以鼓励农村发展合作经济等方式加快构建新型农业经营体系。（2）赋予农民更多财产权利，并探索建立农村产权流转交易市场。（3）推进城乡要素平等交换和公共资源均衡配置,包括维护农民生产要素权益、保障金融机构农村存款主要用于农业农村、健全农业支持保护体系、鼓励社会资本投向农村建设以及统筹城乡基础设施建设和社区建设。(4)完善城镇化健康发展体制机制,包括以拓宽城市建设融资渠道、允许社会资本及参与基础设施投资与运营等方式推进城市建设管理创新,依照人口和经济规模调整地方政府管理权,建立和完善跨区域城市发展协调机制。(5)改革户籍制度,全面放开建制镇和小城市落户限制、有序开放中等城市落户限制、合理确定大城市落户条件;稳步推进城镇基本公共服务常住人口全覆盖;建立财政转移支付同农业转移人口市民化挂钩机制。

6. 对外开放体制改革

(1)通过统一内外资法律法规,推进金融、教育、文化、医疗等服务业领域开放等方式进一步放宽投资准入;(2)通过建立上海自由贸易试验区等方式加快自由贸易区建设,从而形成面向全球的高标准自由贸易区网络;(3)扩大内陆沿边开放,包括创新加工贸易模式、推动内陆同沿海沿边通关协同、允许沿边重点口岸城市和经济合作区实施某些特殊政策;(4)建立开发性金融与机构,推进丝绸之路经济带和海上丝绸之路建设。

特别需要指出的是,除经济体制改革之外,《中共中央关于全面深化改革若干重大问题的决定》还提出推进文化体制机制创新、加快生态文明制度建设等方面的改革,并且在这些改革中引入市场机制和价格机制。2017年10月中国共产党第十九次全国代表大会召开,习近平同志在大会报告中提出"加快建立现代财政制度,建立权责清晰、财力协调、区与均衡的中央和地方财政关系"和"赋予自由贸易试验区更大改革自主权,探索建设自由贸易港"等改革思路。①

对比之前改革阶段的经济体制改革思想,这一时期改革思想无论在改革领域的系统性和协调性还是改革方案设计上都表现出突破性的进展,例如从市场体系完善和财税制度改革等方面入手解决既往地区间恶性竞争的问题,以及通过户籍制度改革和公共服务均等化改革解决农村人口向城市

---

① 习近平:《决胜全面建成小康社会,夺取新时代中国特色社会主义伟大胜利——在中国共产党第十九次全国代表大会上的报告》,新华网,2017年10月27日,http://www.xinhuanet.com/2017-10/27/C_1121867529.htm.

转移的问题，等等。从经济体制改革历史来看，这一阶段改革所要解决的许多都是更为深层次、更难以解决的问题，这些问题没有现成的解决方案，而这一阶段改革思想则为如何解决这些问题提供了思路。这些改革思想不仅体现了中央政府推进改革的坚定信心，更表现出改革者高度的智慧！

## 第三节 宏观视角下特区改革与发展简史

根据第一节的分析不难得知，即使特区在经济体制改革的某一阶段会因为先行获得改革授权、进而先于全国其他地区进行改革探索，但特区改革必定是从属于全国经济体制改革大局的，这是由中国自上而下逐级制衡的政治结构所决定的。由此，我们从宏观视角出发对特区改革和发展历程进行简要回顾，这将有利于此后对特区路径下经济体制改革思想进行考察和分析。类似地，我们依照经济体制改革四个阶段划分对特区改革与发展历程进行简单回顾，即：（1）转轨前中期，1979~1992年；（2）转轨中后期，1992~2002年；（3）体制完善期，2002~2012年；（4）全面深化改革期，2012年至今。

### 一、转轨前中期特区的改革与发展

20世纪70年代末，在改革开放的大背景下，为了让广东福建两省充分利用自身毗邻港澳台的优势在改革开放中先行一步，中央政府应两省请求在毗邻港澳台及传统侨乡的边境地区设立四个经济特区，即深圳、珠海、汕头和厦门，作为对广东福建两省特殊政策和灵活措施的一部分。此后，1988年海南岛脱离广东省行政管辖，单独建省并成为经济特区。这五个被称为"老特区"的经济特区的设立表明特区路径进入改革实践。

在海南未被升格为省级行政区并赋予经济特区政策时，广东福建两省四个经济特区在面积上并不大，其中最大的深圳经济特区仅327.5平方千米，而厦门、珠海和汕头经济特区面积则更小。尽管特区面积不大，但是其获得了中央政府授予较广东福建两省更为特殊的政策，这些政策如表 2-1 所示。

表 2-1　　　　　　1980~1992 年经济特区的特殊政策基本内容

| 领域 | 主要内容 |
| --- | --- |
| 经济管理 | 在坚持四项基本原则和不损害主权的条件下，可以采取与内地不同的体制和政策，以市场调节为主；特区拥有更大的土地和项目审批权限；深圳、厦门两市自 1988 年起实行计划单列，拥有省一级经济管理权限，等等 |
| 吸引外资 | 允许侨商、外商直接在经济特区内开办经营企业；为吸引侨商、外商投资，经济特区在所得税、土地使用费、工资待遇以及生产进口关税上提供优惠；外资企业可以按照自身经营管理方式雇用或解雇工人；依法保护外资企业的财产、应得利润和其他合法权益；外资可以参与工、农、旅游等各行业经营，并且对于水电道路码头通信等公共设施，也可参与兴建经营；简化外籍人员、华侨和港澳人员进出特区手续；允许资金、利润、工资收入自由汇出；企业停业后资产可转让，资金可汇出，等等 |
| 税收优惠 | 特区内企业按 15% 的税率征收所得税，在一定条件下企业还可享有免征与减半征收优惠，等等 |
| 财政收入 | 1980~1988 年深圳、珠海两市财政收入无须上缴，全部留存本地使用；特区土地开发所得全部留存特区使用，等等 |
| 信贷管理 | 经济特区实行多存多贷、差额包干，特区内所有信贷资金及存款全部留给特区；深圳经济特区实行信贷计划单列，特区内银行可以向区内外和国外银行拆借资金，等等 |
| 外贸/外汇 | 经济特区在国家计划内可以自行组织进口，并签发进口许可证；允许深圳建立保税仓，并试办保税生产资料市场；1989 年之前特区外汇定基上缴，增收部分全部留给特区运用；1989 年起特区一般贸易收汇实行按净创汇"倒二八"分成，①可采取预拨留成外汇办法；特区对外经营企业可将留成外汇转为现汇，等等 |
| 海关管理 | 设置双重海关，特区所需的机器设备、零配件、原材料等生产资料允许免税进口；生活用品原则上以国内供应为主，国内难以供应的生活必需品，经批准后可以征税或减税进口；特区产品以外销为主，内销需补交关税 |
| 改革权 | 未明确指定具体内容，但明确鼓励特区政府进行各项经济体制改革探索；中央政府成立经济特区工作小组/办公室，并每年召开经济特区工作会议，对各项改革措施进行协调 |

资料来源：根据钟坚、郭茂佳、钟若愚主编的《中国经济特区文献资料》以及陶一桃、鲁志国主编的《中国经济特区史论》中相关内容整理而成。

① 国务院：《国务院关于调整经济特区和三个试点行业外汇留成比例的复函》，引自钟坚、郭茂佳、钟若愚主编：《中国经济特区文献资料》（第一辑），社会科学文献出版社 2010 年版，第 188 页。

利用对外经济活动和财税管理上的特殊政策以及中央政府赋予的改革权，经济特区政府在辖区内展开大量改革。例如在 1980~1984 年间，深圳经济特区率先在基建项目管理中引入竞争机制、在劳动工资制度中引入合同制和结构工资制以打破平均主义、放开生活资料和大部分生产资料价格管制等。这些改革和改革所带来的经济增长对尚未实施经济体制改革的广大非特区地区产生了强大的冲击，在 1984 年邓小平第一次视察经济特区并对经济特区成就做出肯定之后，中央政府做出了推动城市经济体制改革的决定，并且确立开放上海、天津、大连等 14 个沿海开放城市，通过扩大这些城市的经济管理权限来推动这些城市的改革和发展。

在 1985~1992 年间，经济特区更大的改革授权和优惠的经济政策以及先行改革的优势，进一步推进经济体制改革。例如，深圳市成立全国首个外汇调剂中心对外汇市场化交易进行探索，率先通过协议、招标、拍卖的方式对土地使用权进行有偿转让流转，率先建立市投资管理中心对企业中国有资产进行管理，推行国企股份化改革，等等；厦门市对国营企业进行股份制改革试验和拍卖国营和集体小企业等；1988 年海南升格为省并成为全国最大经济特区，提出了更为雄心勃勃的改革计划。

经济特区的改革与发展，为中央政府确认下一阶段改革目标与策略提供了借鉴，更为中央政府推动更大规模的经济体制改革提供了依据。1990 年中央政府做出上海浦东开发开放的决策，赋予其经济特区所有优惠政策，并在外资经营领域、保税区管理、基础设施项目审批权限、第三产业开放以及证券交易审批上给予浦东更为宽松的政策。这一举措将经济体制改革在空间上的重心由原来计划经济体制边缘地带——广东福建的数个沿海中小城市，推进到原来计划经济体制的重镇——上海。在 1992 年邓小平同志发表南方谈话后，中央政府迅速开展以建设社会主义市场经济体制为目标的改革。

## 二、转轨中后期特区的改革与发展

1992 年邓小平同志南巡视察经济特区并发表讲话，在计划与市场和

"姓资姓社"问题上做出重大理论突破,随后在当年召开的中国共产党第十四次全国代表大会上,江泽民同志提出建设社会主义市场经济体制的改革目标。以市场经济体制为目标的改革在全国范围内铺开,一方面是对前一阶段经济特区改革成果的肯定,另一方面,也对经济特区提出了挑战——随着改革进程的推进,原来特区与非特区在经济体制上的鸿沟将不断缩小,特殊政策和优惠政策也在很大程度上普惠化。在这种挑战下,经济特区呈现出两极化的改革与发展格局。

这一时期深圳和厦门两个经济特区在经济增速上大都高于其所在省份,如图2-3所示,这与两个经济特区在发展思路的选择上不无关系。例如,深圳市从1993年起开始大力着手进行产业结构调整,1994年成立深圳市高新技术工业村,1995年为成立市高新技术园区领导小组对深圳市高新技术园区的开发建设进行统筹规划、统一管理。1995年,深圳高新技术产业产值仅146亿元,至1999年为1064.46亿元,这些早期积累也为今日深圳成为全国高新技术中心城市打下了基础。

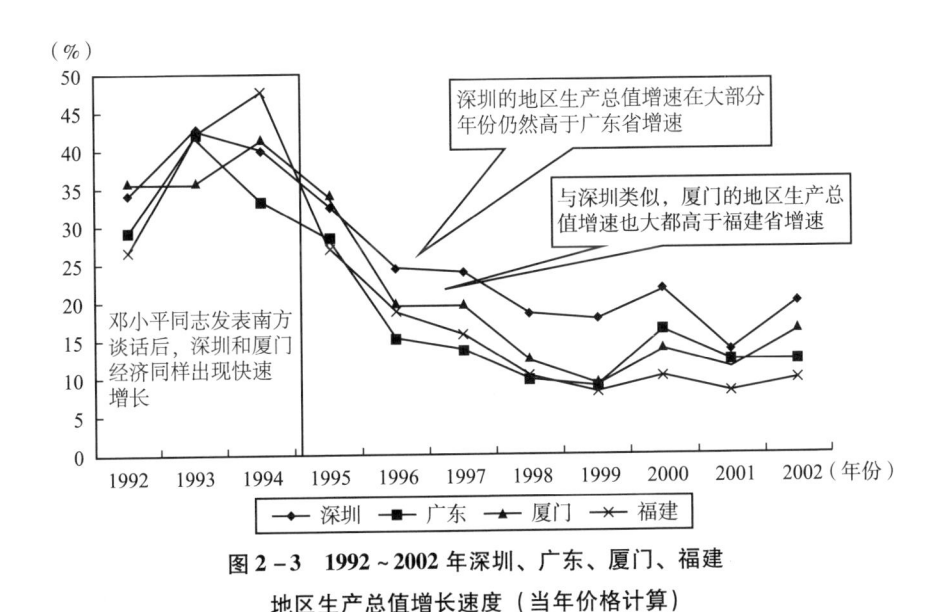

图2-3 1992~2002年深圳、广东、厦门、福建
地区生产总值增长速度(当年价格计算)

资料来源:中国国家统计局。

在经济体制改革方面，以深圳市在基本经济制度方面的改革为例，深圳市于1994年4月率先展开建立现代企业制度试点、1996年对竞争性行业国有企业进行公司制改组、2002年推动国有企业产权主体多元化改革，与此同时则是形成"市国资委—市级国有资产经营公司—国有资本投资企业"的三级国有资产管理体制。而在所有制结构方面，深圳市延续建市以来注重非公有制企业的传统，使各种所有制企业快速发展，到2002年底民营企业已占全市企业总数的60%（樊纲等，2009）。另外，深圳市还在1992年首创养老保险社会统筹与个人账户相结合的模式、2000年将社会养老保险分为基本养老保险和地方补充养老保险、2001年规定外来工可以在深圳养老，等等。同期厦门市也稳步展开各项经济体制改革，此处不再赘述。

与深圳厦门形成对照的是海南、珠海和汕头的发展与改革。1993年，在中央政府统一部署下实施银行贷款收缩，这使得海南省房地产市场的泡沫破灭，进而国内生产总值（GDP）增速大跌，不仅远低于深圳、厦门的增速，甚至在1994~1997年间远低于全国平均水平。珠海由于实施过度超前的高新技术产业超前发展战略和"大港口、大工业、大发展、大繁荣"战略，致使珠海经济增长率在很长一段时间内低于广东省平均水平。此后，汕头由于一系列群体性偷税漏税、虚开增值税发票、假冒伪劣案件招致诚信危机，导致经济增速大幅下跌。

经济特区在改革与发展上的两极化表现，与特区政府的改革和发展思路不无关系，但也从另外一个角度反映出特区路径的一种潜在风险——当特区和非特区体制落差过大时，特区改革和发展过程中所存在的一些问题可能被掩盖，致使特区经验失真。笔者认为，化解这种风险的思路之一是由中央政府及时对特区改革与发展进行评估，并采取适当措施在适当时刻进行介入和调整，如1985年中央政府通过信贷紧缩化解深圳经济特区的基础设施投资热问题。①

---

① 1985年中央政府通过控制银行贷款，大幅度压缩深圳经济特区基建投资，并且收回若干特殊政策和优惠措施。中央政府的介入促使深圳从商贸为主的特区转向以工业为主的外向型经济，为此后的发展打下良好基础。参见陶一桃、鲁志国主编：《中国经济特区史论》，社会科学文献出版社2008年版，第54~61页。

## 三、体制完善期特区的改革与发展

与转轨中后期淡化特区的政策取向相反，中央政府在体制完善期先后设立了上海浦东新区综合配套改革试点、天津滨海新区综合配套改革试验区等十二个国家级综合配套改革试验区。① 这些被称为"新特区"的国家综合配套改革试验区的设立，标志着以特区路径推进经济体制改革的实践再次进入强化突出特区阶段。

2005年6月上海浦东新区成为首个国家综合配套改革试点；2006年5月天津滨海新区成为国家综合配套改革试验区；2009年5月深圳市成为综合配套改革试验区以及2011年12月厦门市成为综合配套改革试验区。这四个特区都位于（或者是）发达的中国东部沿海地区，其中浦东新区和滨海新区分别从属于上海和天津这两个直辖市，而深圳和厦门则是20世纪80年代初最早的一批经济特区。良好的区位条件、制度环境以及既有经济规模等因素，使这四个综合配套改革试验区的经济体制改革具有更强的综合性和外向性特征，即对经济体制的主要领域都进行改革并突出对外开放体制方面的改革。

以上海浦东新区和深圳市的综合配套改革为例，两个综合配套改革试验区都在基本经济制度改革、市场体系建设与完善以及政府职能转变等领域着力，如深化国有企业治理结构改革、进一步放宽非公有制经济市场进入、完善社会保障体制、深化市场监管体系改革、推进行政审批制度改革，等等。特别地，两个试验区作为中国改革开放最前沿，还特别在对外开放体制改革上着力，例如上海浦东新区通过发展陆家嘴金融区、外高桥、洋山港和浦东空港及附属保税区，探索国际贸易结算、海关监管的新体制，出台"跨国公司外汇九条""质检十四条""海关九条"等政策法规。深圳市则利用毗邻港澳的区位优势探索包括"一站式"通关模式在内的口岸管理新体制，并加快对前海湾保税港区建设。天津滨海新区和厦门市的改革总体上与此类似，此处不再赘述。

---

① 其中，黑龙江省"两大平原"现代农业综合配套改革试验区为2013年6月获批。

除上述四个全面型的综合配套改革试验区外，中央政府还设立了八个专题型综合配套改革试验区，其分别是重庆市和成都市全国统筹城乡综合配套改革试验区（2007年6月），武汉城市圈和长株潭城市群全国资源节约型和环境友好型社会建设综合配套改革试验区（2007年12月），沈阳经济区国家新型工业化综合配套改革试验区（2010年4月），山西省国家资源型经济转型综合配套改革试验区（2010年11月），义乌市国际贸易综合改革试验区（2011年3月）和黑龙江省"两大平原"现代农业综合配套改革试验区（2013年6月）。设立专题型综合配套改革试验区，突破了此前只在东部沿海地区设立特区的模式，是落实十七大报告提出的统筹城乡发展、加强能源资源节约和生态环境保护和推动区域协调发展等问题的重要举措。由于相关资料的缺乏和笔者个人能力所限，在此不对沈阳经济区、山西省、义乌市和黑龙江两江平原这四个专题型综合配套改革试验区进行介绍，仅介绍前四个专题型综合配套改革试验区。

重庆市和成都市的综合配套改革将统筹城乡发展作为工作重点，其中重庆市在推进以农民工为主体的户籍制度改革，保障转户居民同等享有城镇就业、养老、医疗、住房、教育等待遇，建立农村土地自愿有偿弹性退出机制等方面做出诸多探索，2007~2011年财政用于"三农"支出累计超过1300亿元，并且还在住房供应体系和城乡要素市场一体化改革中取得进展，包括大规模建设公租房形成市场供给和政府保障并举的双轨制住房供应体系，建立农村土地交易所、农畜产品交易所、股份转让中心、药品交易所、金融资产交易所等；①成都市在深化农村产权制度改革、开展村级公共服务和社会管理制度改革、推进土地综合整治、完善新型村级治理机制、完善市属金融国资监管体制、完善农业农村投融资机制以及推动户籍制度改革方面着力，其中在户籍制度改革上成都市提出要实现"城乡居民全域成都范围内统一户籍，实现自由迁徙"，并且在就业失业登记、就业援助、社会保险制度、城乡住房保障体系等方面

---

① 黄奇帆：《政府工作报告——在重庆市第三届人民代表大会第四次会议上》，见中央人民政府门户网站，http：//www.gov.cn/。

逐步实现统一化。①

武汉城市圈和长株潭城市群的综合配套改革把资源环境保护和区域经济一体化作为重点,其中武汉城市圈以武汉市作为中心城市、黄石市作为副中心城市进行布局规划,建立东西湖国家自主创新示范区、东西湖区综合性示范区、青山—阳逻—鄂州大循环经济示范区、大东湖"两型社会"示范区、梁子湖生态旅游示范区等国家级与省级循环经济示范区,以总部向武汉集中、产业向周边扩散的模式推动武汉市与城市圈8市产业,并以城际铁路网建设推动1小时客运交通圈的形成,此外武汉城市圈还在节能减排、资源枯竭城市转型试点上着力改革;长株潭城市群在排污权交易试点、湘江流域水污染综合治理、长沙湘潭高新科技园区发展、节能环保产品推广以及通信网络与城际交通网络融合上着力。武汉城市圈和长株潭城市群还在行政体制、公共服务与社会保障、涉外经济体制等方面进行改革。

对比作为"老特区"的经济特区,作为"新特区"的国家综合配套改革试验区不论是在改革目标和内容上,还是特区本身的区位选择乃至特区数量上都显著不同。如何理解这种差别,笔者认为有两种可能的解释。第一,从改革风险和成本约束来看,"老特区"设立于人均收入低且对市场经济认识极度缺乏的计划经济时代,进行经济体制改革的风险大,而且国家为推进改革的支付能力有限,所以只能选择计划经济体制薄弱的边缘地带设立特区并进行改革。而"新特区"则设立于总体上实现小康生活且社会主义市场经济体制框架基本建立的市场经济时代,经济体制改革的风险大大降低,且国家的支付能力有了显著提高,所以可以在发达的沿海地区和欠发达的内陆中心城市同时设立特区以推进经济体制改革和其他改革。第二,从对特区功能的界定来看,"老特区"的主要功能在于为改革探路,而"新特区"则不仅在于为改革探路,还要作为经济增长极推动区域经济增长,因此新特区在区位选择和数量设定上都远多于老特区。从理论上看,很难区分两种解释孰轻孰重。然而,如果是后一种解释主导,且

---

① 葛红林:《政府工作报告——在成都市第十五届人民代表大会第五次会议上》;中共成都市委、成都人民政府:《关于全域成都城乡统一户籍实现居民自由迁徙的意见》,见成都市政府门户网站,http://www.chengdu.gov.cn/。

特区政府面临着激烈的地区间竞争，则特区政府有可能采取某些短期行为，使政府行为偏重于短期经济数据增长而非改革，甚至是数据造假，这将损害改革和长远的发展。

## 四、全面深化改革期特区改革与发展的新动向

由于全面深化改革时期还在进行中，许多事件的沉淀和积累尚不足，人们很难对此做出事后的评价。然而，特区改革和发展在三个方面的新动向值得特别关注：一是自由贸易试验区的快速扩张；二是《京津冀协同发展规划纲要》《长三角一体化发展纲要》和《粤港澳大湾区发展规划纲要》的获批和实施；三是中共中央、国务院发布关于支持深圳建设中国特色社会主义先行示范区的意见。其中，自由贸易试验区的设立时间和面积如表2-2所示。

表2-2　　　　各自由贸易区成立时间、位置与总面积

| 序号 | 名称 | 获批时间 | 位置 | 总面积（平方千米） |
| --- | --- | --- | --- | --- |
| 1 | 上海自由贸易试验区 | 2013年9月 | 上海 | 120.72 |
| 2 | 广东自由贸易试验区 | 2014年12月 | 广州、深圳、珠海 | 116.20 |
| 3 | 天津自由贸易试验区 | 2014年12月 | 天津 | 119.90 |
| 4 | 福建自由贸易试验区 | 2014年12月 | 福州、厦门、平潭 | 118.04 |
| 5 | 辽宁自由贸易试验区 | 2016年8月 | 沈阳、大连、营口 | 119.89 |
| 6 | 浙江自由贸易试验区 | 2016年8月 | 舟山 | 119.95 |
| 7 | 河南自由贸易试验区 | 2016年8月 | 郑州、开封、洛阳 | 119.77 |
| 8 | 湖北自由贸易试验区 | 2016年8月 | 武汉、襄阳、宜昌 | 120.00 |
| 9 | 重庆自由贸易试验区 | 2016年8月 | 重庆 | 119.98 |
| 10 | 四川自由贸易试验区 | 2016年8月 | 成都、泸州 | 119.99 |
| 11 | 陕西自由贸易试验区 | 2016年8月 | 西安 | 119.95 |
| 12 | 海南自由贸易试验区 | 2018年10月 | 海南全岛 | — |

注：其中，上海自由贸易试验区总初始总面积为28.78平方千米，2014年12月获批扩张至120.72平方千米。

随着经济全球化发展，不断降低国际贸易的交易成本是一个必然趋势，而设置自由贸易试验区则是应对这一趋势的制度性举措。通过设置自由贸易区，可以吸引外国资金、人员、技术等要素，并且引入更高效率的制度规则，进而推动我国的改革。

第一个值得注意的是，在2013年起先后设立的12个自由贸易试验区中，最初的几个自由贸易试验区都涉及国家综合配套改革试验区，如上海自由贸易试验区由浦东新区的外高桥保税区等四个保税区发展而来，天津自由贸易试验区由滨海新区东疆港保税区拓展而来，而广东自贸区则包括深圳前海湾保税港区。对于这种关联性，笔者认为这不仅是特区自身改革深化的结果，更表现出特区路径实施中的跟进改革阶段，即非特区地区对特区经验进行学习和模仿。

第二个值得注意的是《京津冀协同发展规划纲要》《长三角一体化发展纲要》和《粤港澳大湾区发展规划纲要》这三个区域一体化发展规划纲要的获批和实施。在市场经济条件下，如果政府主导的地区间竞争过度激烈，则这种竞争不仅妨碍市场统一、效率提升和人民福利增进，还会导致改革投资减少和改革进程延缓。而在中国经济体制改革进程中，通过人为设置行政壁垒、分割市场以进行地区间竞争一直是个持久性问题——尤其是当地方政府获得更大的经济管理权和改革权，但同时又保留了一定干预企业经营管理手段的条件时。而区域一体化发展则是通过中央政府的介入，打破地区间的行政壁垒，推进区域经济体制的统一和市场统一。尽管这一改革策略的绩效尚有待实践来检验，但这些区域一体化尝试依然是特区路径的实践，因为许多特区如深圳市、上海浦东新区、天津滨海新区乃至新成立的雄安新区都在其中，另外也因为这三大区域本身在某种意义上就是一种新的特区，它们率先承担了进一步改革的任务。

第三个值得注意的是2019年8月9日中央人民政府正式公布《中共中央、国务院关于支持深圳建设中国特色社会主义先行示范区的意见》，支持深圳高举新时代改革开放旗帜、建设中国特色社会主义先行示范区，要求深圳成为高质量发展高地、法治城市示范、城市文明典范、民生幸福标杆和可持续发展先锋。具体而言，中央政府要求深圳：（1）通过加快实施创新驱动发展战略、加快构建现代产业体系、加快形成全面深化改革开放新格局和助推粤港澳大湾区建设来率先建设体现高质量发展要求的现代化经济体系；（2）通过全面提升民主法治建设水平、优化政府管理和服务及促进社会治理现代化来率先营造彰显公平正义的法治环境；（3）通过全面推进城市精神文明建设、发展更具竞争力的文化产业和旅游业来率先塑造展现社会主义文化繁荣兴盛的现代城市文明；（4）以提升教育医疗事业发展水平、完善社会保障体系为重点率先形成共建共治共享共同富裕的民生发展格局；（5）通过完善生态文明制度和构建城市绿色发展新格局来率先打造人与自然和谐共生的美丽中国典范。①

支持深圳建设中国特色社会主义先行示范区是特区路径在改革实践中运用的最新范例。从中央政府的意见来看，其对深圳的要求已经远远超过进行经济体制改革探索，而是要在经济发展、法制建设、民生提高、精神文明建设与生态文明建设上努力成为创建社会主义现代化强国的示范城市。从这一点来看，中央政府对特区路径的运用已经不仅限于推动经济体制转轨平稳有序地进行，更在于以特区路径来推动中国特色社会主义强国的建设，为实现国家富强、民族复兴和人民幸福探索新路，这无疑是一种伟大的创新！

---

① 参见《中共中央、国务院关于支持深圳建设中国特色社会主义先行示范区的意见》，中华人民共和国中央人民政府网站，http：//www.gov.cn/xinwen/2019-08/18/content_5422183.htm。

# 第三章

# 特区内部经济体制改革政策思想

特区内部经济体制改革政策思想是特区政府对其管辖范围内经济体制进行改革的思路观念的集合。在特区路径下经济体制改革思想的各条主线中，特区内部经济体制改革政策思想无疑是最显眼的，这不仅仅是因为特区内部经济体制改革是全国经济体制改革的具体落实，也是因为特区内部经济体制改革在很长一段时间里都为全国范围的经济体制改革探路，特区内部的改革成为全国改革的先导和风向标。通过特区的先行改革降低改革的全局风险、激励其他地区跟进改革，这也是特区路径这一改革方略最重要的特征。

如同第一章关于分析方法的讨论，对特区内部经济体制改革政策思想进行考察，我们将关注的重点放在特区政府对内部经济体制进行改革的全局性和根本性的思路上，对于具体的改革政策和行为所体现出的思想则不做过多的关注。尽管这样做有可能使人们忽略一些具体且有趣的改革政策思想，甚至在某种程度上感觉到历史叙述和分析的空泛，然而这样处理的优点在于使人们借助思想史的考察，形成一种关于历史的全局观念，进而帮助我们在历史长河与无限未来的交汇处获得应有的方位感。

基于上述理念，本章内容将按照历史顺序而非专题顺序展开。对比全国经济体制改革的基本历程，即可划分为：转轨前中期（1978~1992年，对照经济特区的改革历程为1979~1992年）、转轨中后期（1992~2002年）、体制完善期（2002~2012年）和全面深化改革期（2012年至今）。在叙述和分析上，则是将重点落在全局性和整体性的内部经济体制改革政策思想上。而诸多具体的改革措施，在许多关于特区改革与发展史的研究中已经有很详尽地叙述了，此处则不再赘述。

## 第一节 转轨前中期对外开放导向的渐进市场化思想（1979~1992年）

转轨前中期是中央政府以渐进改革的方式不断探索寻求中国经济体制转轨目标的时期，具体指从1981年6月中国共产党十一届六中全会正式提出要根据生产力发展要求选择与之适应的生产关系的具体形式,到 1984 年中国共产党十二届三中全会提出中国经济体制是有计划的商品经济,直至 1992 年邓小平南方谈话明确区分计划经济—市场经济和社会主义—资本主义这两个概念范畴和 1993 年中国共产党十四届三中全会正式确立改革目标是建立社会主义市场经济体制之前。

在这个时期,经济特区由于先行获得中央政府的授权,包括实行更大程度的对外开放、允许以市场调节为主以及相机抉择的改革权,因而自然成为经济体制改革的先行者。这个时期的特区政府,一方面需要按照中央政府的部署和充分运用相应的改革授权,积极探索对于当时人们而言相对陌生的市场经济体制;另一方面,又必须谨慎地掌握改革的方向和进度,避免过于激进的改革导致负面影响。在这种情况下,特区政府的内部经济体制改革政策主要思路是为围绕扩大对外开放而展开的渐进市场化改革。

## 一、初创时期的探索性改革思路（1979~1984 年）

1979~1984 年是经济特区发展的初创时期,深圳经济特区和珠海经济特区启动了从边境小渔村向现代化城市转变的过程,而汕头经济特区和厦门经济特区则在原有城市基础上开设出口加工区。尽管中央政府为经济特区制定了包括接纳外商投资设厂、外商参与基础设施建设、更宽松的外贸管制和以市场调节为主的特殊政策,并且允许特区政府及其所属的广东、福建两省政府可以根据经济体制改革中的现实情况而采取一定程度的灵活措施,但是限于改革经验的不足以及传统意识形态的影响,经济特区政府在内部经济体制改革上的思路呈现出明显的探索色彩或试错色彩。

### （一）改革的总体思路

这一时期经济特区政府改革总体思路具有两个基本特征:第一,对于目标体制没有明确的构想,取而代之的是改革的基本取向;第二,强调对改革速度的控制。

关于改革基本取向,经济特区政府确立并坚持以市场化作为改革基本取向,以《深圳市国民经济和社会发展第六个五年计划：1981~1985》为例视之。特区"经济体制实行'在国家计划指导下，扩大市场调节范围'的方针。各行各业也按这些原则，从有利于促进生产、搞活经济出发，系统地全面地进行体制改革"。① 而选择以市场化作为改革基本取向，则是根据经济特区发展外向型经济的需求而设定的，如时任深圳市委书记、市长梁湘同志所言："特区的经济是社会主义领导下多种经济成分并存的综合体。特区主要是吸收港资、侨资和外资进行建设。随着特区的发展，合资和外商独资经营的经济成分的比重会越来越大。特区的产品以出口为主。特区市场与国际市场，特别是与港澳市场息息相关。由于特区具有这些别于内地的特点，就决定了特区必须跳出全国现行体制之外，从实际出发，全面系统地改革现行体制，制定出适应特区经济性质的管理体制。只有这样，特区才能不断发展，不断前进"。②

关于改革速度控制，由于缺乏经济体制改革经验积累，以及受到传统意识形态的干扰，经济特区政府较多地强调对改革速度的约束，指出：由于"改革是一场深刻的变革，改革必然涉及权利的再分配"，因此改革应当"积极而稳妥"地展开，"不能完全从我们的愿望出发，要看主客观条件"，在操作层面改革对象的选择上要"看准了的坚决改，看准一条改一条，看不准的先试点，不企图毕其功于一役"，要"充分考虑人们对改革的心理承受能力"。③ 需要指出的是，强调对改革速度的控制并不意味着经济体制改革只能以单项零散的改革来推进，相反，经济特区政府明确强调配套改革的重要性："经济体制改革就是一项复杂的社会系统工程。宏观控制与微观搞活这一对矛盾中，彼此促进又互相制约。如果只强调某一方面的改革，而不注意在宏观层面与微观层次之间，各个层次之间内部的配套改革，就容易出现'一放就活，一活就乱，一乱就统，一统就死'这样恶循环的局面，阻碍经济的发展"。④ 尽管如此，从总体上看，经济特区政府所强调的依然是前者，因为"重视改革的配套性，不等于不分轻重

---

① 《深圳市国民经济和社会发展第六个五年计划：1981~1985（草案）》，深圳市档案馆档案，C5-3-28-2。
② 梁湘：《政府工作报告》，深圳市档案馆档案，A7-1-56-10。梁湘，1981~1985年任深圳市委书记、市长。
③④ 《我市"六五"期间体制改革的回顾——常委会议参阅材料》，深圳市档案馆档案，A1-8-5-5。

缓急，齐头并进。事物是有差别的，矛盾也可以区分主次，不同时期应有不同的工作重点"。①

### （二）改革的具体思路

由于缺乏关于目标体制的构想，因此经济特区政府对改革重点的选择及其相应改革思路的设想上也是零碎的，其主要是为了更好地招商引资而在局部领域进行改革。

1. 深圳市政府的改革思路

（1）改善投资环境，要"制定和完善外商投资建厂的优惠政策的经济立法"②，并"对现行的金融货币制度进行改革"使"资金的进出、外汇管理、货币制度、金融活动等更好地适应引进外资"，以及"改革出入境制度，使客商进出特区更简便"；③

（2）改革工业管理和企业管理体制，"国营企业要逐步实行'利改税'"，"扩大企业自主权，使企业成为经济实体，独立核算，自负盈亏，按照经济规律办事"；

（3）改革劳动工资制度，"普遍实行合同制"，"实行基本工资、职务工资、浮动工资相结合的工资制度"；④

（4）改革农村经济体制，"完善生产责任制，发展重点户、专业户，贯彻在国家计划经济指导下，发挥市场调节的辅助作用"；⑤

（5）逐步放开价格管制，"在保证关系国计民生的一些主要商品，如粮、棉、油等价格稳定的前提下，使部分商品的价格逐步根据市场的供求情况进行调节，进一步繁荣市场"；

（6）实行政企分工改革，"市政府和经济管理部门的主要任务是搞好全局性的规划工作、思想和政策的指导工作、经济立法工作、科学技术的推广和应用工作、经济信息的传播工作，以及深入的调查研究、督促检查

---

① 《我市"六五"期间体制改革的回顾——常委会议参阅材料》，深圳市档案馆档案，A1-8-5-5。

② 《深圳市国民经济和社会发展第六个五年计划：1981～1985（草案）》，深圳市档案馆档案，C5-3-28-2。

③④⑤ 梁湘：《政府工作报告》，深圳市档案馆档案，A7-1-56-10。梁湘，1981～1985年任深圳市委书记、市长。

和推广先进典型的工作。企业本身的生产经营活动主要应由企业自行组织和安排"。①

2. 厦门市政府的改革思路

（1）改善投资环境，更好地吸引台商与侨商进入投资；

（2）改革企业管理制度，实行厂长（经理）负责制，试行管理人员、技术人员招聘制；

（3）改革劳动工资制度，实行合同制以及结构工资制；

（4）调整行政机构单位，按照"精干、效能的原则，进行了调整合并或撤销，强化指挥系统"② 等。

3. 珠海市政府的改革思路

（1）改善外商投资环境，包括"放宽利用外资、引进技术项目的审批权限""废除各种不合理的收费""减免部分企业的税收""在一定年限内给予免征或减半征收工商所得税"；

（2）激发企业自主性，包括"改革劳动人事管理制度。工厂企业的干部使用改委任制为聘请制；允许企业自行招聘人才，解雇不适用人员""允许企业实行多种形式的经济承包制"、让企业"自主行使产销权、资金使用权和劳动工资调整权"；

（3）政府经济管理权力下放，要"让经济管理部门和经济实体有相应的审批权限"③ 等。

由于汕头市政府的改革思路亦与上类似，故而不再赘述。

## 二、对传统体制重点突破的系统性改革思路（1985~1992年）

1984年初，邓小平同志视察经济特区并对经济特区的发展给予高度肯

---

① 梁湘：《政府工作报告》，深圳市档案馆档案，A7-1-56-10。
② 张可同：《开放，搞活，更快更好地建设厦门经济特区》，引自香港中国经济特区年鉴编辑部编：《中国经济特区年鉴》（1984）（开放号），（香港）中国经济特区年鉴出版社1985年版，第346~351页。
③ 方苞：《坚持开放政策加快珠海特区建设步伐》，引自香港中国经济特区年鉴编辑部编：《中国经济特区年鉴》（1984）（开放号），（香港）中国经济特区年鉴出版社1985年版，第253~255页。

定，同年 10 月党的十二届三中全会通过《中共中央关于经济体制改革的决定》，在计划与市场的认识上有了重大突破，并由此启动了以国企改革为中心环节的城市经济体制改革。对于经济特区而言，这意味着进行各项改革探索的宏观环境改善，基于前一阶段经济体制改革的经验积累，以及中央政府仍然维持对经济特区所实施的特殊政策的独占性所形成的政策优势，这一阶段经济特区政府形成了更为进取同时也更为系统的改革思路，以此对传统经济体制中的重点领域进行重点突破。

## （一）改革的总体思路

与前一阶段缺乏关于目标体制的构想不同，这一阶段经济特区政府对目标体制有了明确的构想；同时，改革也不仅仅是对若干原有制度安排的改变，或是对管制的放宽，而是有意识地去构建（实质上）符合市场经济运行的经济体制。其中以深圳市政府和海南省政府的构想最有代表性，故而以其视之。

1. 深圳市政府关于目标体制的构想

1986 年 12 月，中共深圳市委和深圳市人民政府制定的《深圳经济特区发展外向型经济的工作纲要：1987~1989》首次提出了关于目标体制的构想，提出：特区的经济体制"是根据发展外向型经济的需要进行改革。坚持从有利于引进外资和先进技术出发，理顺各方面的关系，建立一个完善的、能适应国际市场活动规律的经济体制"，新的体制应当满足"初步建立起外向型经济""基本形成一个在国家宏观指导下的、以市场调节为主的商品经济体系""政策更加开放更加优惠"以及"经济效益显著提高"四个标准。其中，"初步建立起外向型经济"的内涵是："特区的投资环境更能符合国际资本活动的需要""特区的建设资金，特别是生产资金以引进外资为主""特区的企业所有制结构以中外合资、合作企业和外商独资企业为主""企业产品以出口外销为主""特区经济基本上能够按照国际市场活动规律运行"以及"对外贸易要出口大于进口，外汇收支平衡，略有结余"。而"国家宏观指导下的、以市场调节为主的商品经济体系"的内涵是："特区人民政府在宏观管理经济方面，拥有更大的自主权，能更有效地运用各种经济杠杆并配之以相应的法律手段，调节特区经济的运行，使之既与国家宏观管理相衔接，又同特区微观搞活相协调""特区企业真正具有独立的经济法人地位，成为拥有自我积累、自我改造和自我发展能力的经济实体"以及"特区市场逐步成为能适应外向型经济发展需要，与国际市场和国内市场紧密相连的枢纽"①。

1990年12月15日，中共深圳市第一次党代表大会对目标体制提出了更为明确的构想，其提出："经济体制改革，总的是要建立和完善社会主义有计划商品经济的新体制和按国际惯例办事经济运行机制"，"要在所有制结构、分配制度、企业机制、市场体系和宏观调控体系的改革上有新的突破"。其中，对所有制结构的设想是"以公有制为主导""多种经济成分并存的所有制结构"；对分配制度的设想是"以按劳分配为主、多种分配形式并用的分配制度"；对企业制度的设想是国有企业经营实行承包责任制以及股份制，具有"自我发展、自我积累和自我约束的能力"，相应地，建立起"国有资产管理的产权、评价、监督、激励机制"，以对国有资产进行有效管理；对于市场体系的设想是涵盖"生产资料、房地产、资金、劳务、技术、信息及证券市场"的"能与国际市场相适应的市场体系"；对宏观调控体系的设想是"科学化、现代化、规范化的宏观管理制度"；此外，还要有"适应特区外向型经济发展需要并符合国际惯例的法律体系"。②

2. 海南省政府关于目标体制的构想

作为20世纪80年代后期设立且是唯一的省级经济特区，海南省政府对目标体制提出了更为进取的构想：建立"小政府，大社会"的体制。该体制的基本框架是：

（1）在所有制结构上，要"建立不以全民所有制为主体的具有海南特色的多元化所有制结构"，要"使外商独资、中外合资、合作企业在所

---

① 中共深圳市委、深圳市人民政府：《深圳经济特区发展外向型经济的工作纲要：1987～1989（初稿）》，引自深圳经济特区年鉴编辑委员会编：《深圳经济特区年鉴1987》，红旗出版社1987年版，第406～412页。

② 李灏：《继续办好深圳经济特区，努力探索有中国特色的社会主义路子——在中国共产党深圳市第一次代表大会上的报告》，引自深圳经济特区年鉴编辑委员会编：《深圳经济特区年鉴1991》，广东人民出版社1991年版，第62～73页、第83页。李灏，深圳市大发展时期主政官员，1985～1992年任深圳市委书记、市长。

有制结构中占较大比重",而"国家部门、企业和个人参股的混合所有制企业,以及合作经济、个体经济和私营经济都将有更大发展";

(2)在资源配置手段上,要"实行市场调节","以国际市场为导向,遵循价值规律,引导企业的生产经营","要把宏观指导置于市场调节的基础之上","政府的主要作用是组织和维护商品经济的新秩序,为市场体系完善化、竞争公平化和运行规范化提供保证,并且运用经济手段、法律手段来解决靠市场调节和企业自身解决不了的问题";

(3)在对外开放上,要"实行第二关税制度","允许人员和资金进出境自由、允许货物进出境自由","坚持'对外的一线放开,对内的二线管好'的方针","鼓励和推动外向型经济的发展","使在海南的企业都能按照国际通行的管理进行经营、管理和流动";

(4)在政府经济职能上,要"把原来大量的经济管理职能交给社会,交给企业,充分发挥个人、企业、社团组织的自主管理功能,扩大社会的经济自由度",而在经济运行调节和管理上,"政府不直接干预企业的经济活动,而是运用市场机制和法律手段,辅以必要的行政手段进行间接调节,充当引导、协调、监督全社会经济运行的中心和枢纽"。[①]

### (二)改革的具体思路

由于对改革目标体制基本框架有了较为清晰的构想,因此这一时期经济特区政府不再专门对改革的速度与方式做专门探讨,取而代之的是更为系统的改革方案设计,我们仍以深圳市政府和海南省政府的改革方案为例视之。

1. 深圳市政府的改革思路

在所有制结构和企业制度上。(1)"有计划有步骤地推行国营企业股份化"并且"实行企业产权转让","使产权在竞争中流向有经营优势的企业,让经营效益好的企业购买经营效益差或亏损的企业,逐步形成生产要素存量的横向流动机制";(2)通过"完善投资管理公司的职能","理

---

[①] 梁湘:《海南建省的形势、目标与任务——在海南人民代表会议第一次会议上的报告》,引自海南年鉴编辑委员会编《海南特区经济年鉴1989》,新华出版社1989年版,第13~23页。

顺（投资管理公司）同政府有关部门的关系"以及"理顺（投资管理公司）同资产经营公司的关系"，"形成市属国有资产分层次控股经营和管理的体制"；①（3）"加强金融企业自我发展、自我约束机制，探索多渠道融资方式"。②

在分配制度上。（1）"全面推行劳动用工合同制，逐步拉开脑力劳动与体力劳动、复杂劳动与简单劳动的工资差距"③；（2）"完善（工资总额与经济效益）挂钩办法"，通过"加强银行、财税部门对企业经营效益和分配的监督，抑制消费基金过度增长"；（3）"逐步做到机关工作人员的工资根据经济发展、财政收入和物价变动加以调整"；④（4）形成"自我保障和社会共济相结合的社会保险制度"。⑤

在市场体系建设上。（1）完善特区的金融市场，"配合企业股份制的推行，逐步开放二级股票市场"，"要选择几个经营好，有前途的企业，向社会发售企业股票"；（2）进一步开放生产资料市场，"让外商直接参与特区生产资料市场的经营"；（3）建立房地产市场，"改革住房制度，逐步实现住宅商品化"，同时展开地产改革，"要把地价、房价、物价、房产税、房产交易税等的设计和管理统一考虑，制定有关法规，建立健全土地管理体系"。⑥

在政府职能建设上。（1）"坚持政企分开，建立'依法行政'的新秩序，有计划有选择地借鉴香港的法律体系和管理经验"，"政府管理部门要转换职能，把对企业以直接管理为主，逐步转为以间接管理为主"；⑦（2）精

---

① ④ ⑥ 李灏：《以十三大精神为指针，奋力攀登特区建设新高峰》，引自深圳经济特区年鉴编辑委员会编：《深圳经济特区年鉴》（1989），广东人民出版社1989年版，第443～452页。

② 李灏：《认真学习贯彻江泽民同志国庆讲话精神，同心同德做好当前各项工作——在深圳市局以上干部会议上的讲话》，引自深圳经济特区年鉴编辑委员会编：《深圳经济特区年鉴》（1990），广东人民出版社1990年版，第530～539页。

③ 中共深圳市委、深圳市人民政府：《深圳经济特区发展外向型经济的工作纲要：1987～1989（初稿）》，引自深圳经济特区年鉴编辑委员会编：《深圳经济特区年鉴》（1987），红旗出版社1987年版，第406～412页。

⑤ 李灏：《继续办好深圳经济特区，努力探索有中国特色的社会主义路子——在中国共产党深圳市第一次代表大会上的报告》，引自深圳经济特区年鉴编辑委员会编：《深圳经济特区年鉴》（1991），广东人民出版社1991年版，第62～73页、第83页。

⑦ 李灏：《治理经济环境，整顿经济秩序，把深圳的改革和建设推向前进》，引自深圳经济特区年鉴编辑委员会编：《深圳经济特区年鉴》（1989），广东人民出版社1989年版，第460～470页。

简机构,对"业务交叉较大的重复性机构要撤销或合并","加强宏观调控的综合部门和决策咨询机构",并"用法律手段和预算手段控制机构设置和人员编制,防止机构任意升格和恶性膨胀"。①

2. 海南省政府的改革思路

在所有制结构和企业制度上。(1)"不规定以哪一种所有制为主,允许并鼓励各种所有制经济在平等条件下展开竞争和协作。"②(2)对技术落后、效益差、亏损严重的国营企业进行所有制改革,改革方式包括:第一,"公开拍卖,由国营企业转为民营企业,鼓励境内外投资者投标购买";第二,"实行股份制,逐步形成内资、外资互相渗透和社会团体相互参股,国家、集体、个人交相融合的多元化企业制度";第三,"把竞争机制引入国营企业,认真实行承包经营责任制,改善经营机制,提高企业效益"。(3)要"积极发展私人经济,扩大私营经济规模",为此"要从海南实际出发,尽快制定保护和鼓励私营经济发展的各种法规和政策",并且要"大力发展'三资'企业和其他各类民营企业",对"投资者的资产绝不搞国有化和'对私改造',私人财产(包括生产资料)受法律的严格保护"。

在市场体系建设上。由于"未来的海南市场体系,应当是以国际市场为导向、全方位开放的、平等竞争的新型市场体系",因此,(1)"着手建立和培育生产资料市场、劳动力市场、金融市场、证券市场、土地市场、科技市场等配套的市场体系";(2)"逐步放开价格,加快价格改革的步伐,尽可能缩短'双轨制'向'单轨制'的过渡时间";(3)重点抓好金融市场与流通市场的建立与完善工作。

在政企职能分开上。总体方向是"必须依据市场经济发展的要求,确立政府的职能和管理方式,真正让市场机制充分发挥作用,让企业根据市场的需求来决定投资、经营等一切活动"。因此,其重点是建立国有资产管理制度,"政府既要对国有资产实行有效管理,保证国有资产的稳定增

---

① 李灏:《以十三大精神为指针,奋力攀登特区建设新高峰》,引自深圳经济特区年鉴编辑委员会编:《深圳经济特区年鉴》(1989),广东人民出版社1989年版,第443~452页。

② 梁湘:《海南建省的形势、目标与任务——在海南人民代表会议第一次会议上的报告》,引自海南年鉴编辑委员会编:《海南特区经济年鉴》(1989),新华出版社1989年版,第13~23页。

值，又不能以管理国有资产为借口，干预企业的生产经营活动，阻碍国有资产进入市场"；与此同时，"彻底实行政企分开，需要有相应的法律和制度作保证。为此，要尽快制定这方面的法律和制度，使政企分开法律化、制度化"。① 除此之外，要对海南省政府经济决策方式进行改进，使"省政府的决策建立在民主化、科学化的基础上"，其实现思路包括：（1）"省政府要加强调查研究和政策评估工作，充分发挥社会经济研究、咨询机构的参谋作用"；（2）"建立和完善社会协商对话制度，拓展对话渠道，充分发挥新闻媒介在社会生活中的作用"；（3）"各种社会机制的培育和社会组织的建设，也要逐步做到依法进行"。②

## 三、转轨前中期内部经济体制改革政策思想的评析

纵观转轨前中期经济特区政府的内部经济体制改革思想，可以将其概括称为外开放导向的渐进市场化思想。所谓对外开放导向，即把实行对外开放和建立外向型经济作为进行经济体制改革的基本立论。不难发现，在经济特区初创时期探索性改革思路中，改革目标首先是为了更好引进外资和适应外向型经济发展，而对传统经济体制所展开的重点改革，其主要出发点也都在于如何促进对外开放上。所谓市场化，尽管经济特区政府并没有明确提出社会主义市场经济体制这一概念，但是进行市场化改革不仅明确地在改革总体思路中被表述，同时也贯穿体现于改革的具体思路中；另外，从对目标体制的构思到重点领域改革方案的选择，其结构都已经显现出此后所提的社会主义市场经济体制基本框架的轮廓。所谓渐进性，从前后两个阶段改革思路的系统性与计划性的对比不难看出，在缺乏改革经验以及传统意识形态仍然发挥作用的初创时期，经济特区政府不对目标体制进行构想，而是以"摸着石头过河"的方式选择在最容易突破的劳动工资制度、

---

① 许士杰：《放胆发展生产力，开创海南特区建设的新局面——在中国共产党海南省第一次代表大会上的报告》，引自海南年鉴编辑委员会编：《海南特区经济年鉴》（1989），新华出版社1989年版，第4～12页。
② 梁湘：《海南建省的形势、目标与任务——在海南人民代表大会议第一次会议上的报告》，引自海南年鉴编辑委员会编：《海南特区经济年鉴》（1989），新华出版社1989年版，第13～23页。

企业人事管理制度等方面着手进行改革,并且强调对改革速度进行控制的重要性;而在有一定改革经验积累,并且改革的宏观环境改善时,经济特区政府的改革方案的设计则变得更为系统和进取,不仅有了关于目标体制的明确构想,而且还根据对目标体制的构想设计了更为全面和系统的改革方案。

与同时期全国其他非特区地区的经济体制改革相比,在转轨前中期经济特区在内部经济体制改革上的许多举措都具有令人耳目一新的震撼感,例如率先在劳动工资制度上实行突破、率先实施土地使用权有偿转让等,乃至提出"时间就是金钱,效率就是生命"的口号。这种改革的领先性实际上在特区内部经济体制改革政策思想上有更好的体现。在具体改革领域层面看,如1983年深圳市政府提出改革劳动工资制度,要"普遍实行合同制"和"基本工资、职务工资、浮动工资相结合的工资制度",[①] 而在国家层面的改革中,试行劳动合同制的决定于1983年2月公布,[②] 试行企业工资与企业经济效益挂钩的决定于1985年1月做出[③];又如海南省政府在1988年提出通过公开拍卖、实行股份多元化改革的方式对效益低下的国营(有)企业进行所有制改造,这一思路在20世纪90年代中后期成为全国范围内国企改革的重要思路。在总体构思层面,1990年深圳市政府所提出的"以公有制为主导""多种经济成分并存的所有制结构"的所有制结构设想在1992年中共十四大中被正式提出,而1988年海南省政府提出的所有制结构上不以某种所有制为主,"允许并鼓励各种所有制经济在平等条件下展开竞争和协作"的思路[④],在国家层面的改革思路中,直到1997年中共十五大才正式提出让多种所有制经济共同发展的提法;又如,1988年海南省政府提出的"小政府、大社会"的改革目标,不仅成为1990

---

① 梁湘:《政府工作报告》,深圳市档案馆档案,A7-1-56-10。
② 1983年2月22日,劳动人事部发出《关于积极试行劳动合同制的通知》。劳动合同制的适用范围包括全民所有制单位和区、县以上集体所有制单位,包括普通工种和技术工种。在"新人新制度、老人老制度"过渡完成后,最终达到所有职工都试行劳动合同制。见刘树成、吴太昌主编:《中国经济体制改革30年研究》,经济管理出版社2008年版,第486页。
③ 1985年1月5日,国务院发出《关于国营企业工资改革问题的通知》,规定从1985年起,在国营大中型企业中试行职工工资与企业经济效益按比例浮动的办法。见刘树成、吴太昌主编:《中国经济体制改革30年研究》,经济管理出版社2008年版,第490页。
④ 梁湘:《海南建省的形势、目标与任务——在海南人民代表大会议第一次会议上的报告》,引自海南年鉴编辑委员会编:《海南特区经济年鉴》(1989),新华出版社1989年版,第13~23页。

年浦东新区成立的改革目标，也实质上为政府职能转变思路提供了借鉴。

需要指出的是，尽管特区政府的内部经济体制改革政策思想相对于同期全国经济体制改革思路而言具有领先性，但是其实质上仍然是在全国经济体制改革思路上进行的边际突破，特区的内部经济体制改革政策思想并没有脱离中央政府全国经济体制改革思想而空转。例如特区政府在转轨前中期对企业经营管理体制的改革思路，以及劳动工资制度改革的思路，都与中央政府的改革思路或精神一致。特区政府的改革思路也是严格遵循中央政府的改革授权来展开的。这与行政权力由上而下逐级制衡的政治结构是一致的。

从转轨经济学和制度经济学的角度来看，转轨前中期的特区内部经济体制改革政策思想是一种基于实践的渐进式改革策略，它既不同于苏联戈尔巴乔夫以政治改革优先的"新思维"，也不同于西方发达国家所倡导的以快速全面私有化为核心的华盛顿共识（Washington Consensus）。相比后两种转轨思路，对外开放导向的渐进市场化思想具有以下特征：

其一，强调经济体制改革的实践性。该思想并不以某种现存的理论模型作为改革的指导方案，而是以"理性的无知"的态度，在强调对改革速度进行约束的基础上，谨慎地在局部领域启动改革；在改革经验积累到一定程度时，才提出更为详尽和系统的改革构想。这不仅使经济特区避免了由于"非理性的全知"所带来的改革风险，同时也避免了由改革目标和方案的空洞争论所导致的无谓等待。

其二，关注改革的本土适应性。尽管中央政府允许经济特区实行更大程度的对外开放和以市场调节为主，但是经济特区政府并未因此设计激进的改革方案或完全照抄成熟市场经济体制中的制度安排，而是根据自身特征设计改革方案，如通过建立国有资产管理制度促进政企分开，而不是"一刀切"的将国营企业私有化；又如劳动工资制度改革，首先是由"体制外"的外资企业实行，在确定其切实可行之后，才由经济特区政府提出并推广。这使经济特区避免了目标制度安排水土不服所带来的摩擦。

其三，注重转轨初期每一项改革的成本—收益对比，力求每一项改革都能带来正的净收益。在缺乏改革经验的初创时期，经济特区政府选择在外商投资环境建设以及劳动工资制度等改革成本低、成果见效快的领域进行突破。而这些领域改革所带来的正净收益,不仅补偿了经济特区政府的改革成本,还拓展了其改革预算约束,并形成了关于未来改革的收益预期,使改革不断前进。

另外,由于特区政府的内部经济体制改革政策思想实质上与中央政府的全国范围的经济体制改革思路具有一致性,使特区政府在推进改革时尽可能地降低与中央政府的摩擦,而且还能在很大程度上获得中央政府的支持,甚至在某些风险很大的改革上可以获得中央政府的背书,使特区内部经济体制改革得到推进。

由于转轨前中期经济特区政府的经济体制改革政策思想具有上述特征,使在此思想指导下的改革不断带来正的净收益,以 1985~1990 年经济特区与北京、上海和广州以及全国的名义国内生产总值为例视之。在这里选择 1985 年作为考察起点是因为 1980~1984 年间,深圳和珠海处于基础设施集中投资时期,高增速在一定程度上是由中央政府所安排的固定资产投资所致,并不能很好表征改革的成效。汕头和海南由于缺失数据没有被纳入。选择名义变量而非实际变量是因为缺乏对应价格调整数据。通过表 3-1 可以发现,深圳、珠海和厦门在 1985~1992 年名义国内生产总值的增长速度远高于北京、上海和广州同期增速,也远高于全国平均水平。在名义人均国内生产总值上,特区的表现也令人瞩目,深圳的人均国内生产总值在 1985 和 1992 年这两个节点都远高于同期其他城市,厦门 1985 年人均国内生产总值低于北京、上海和广州,但到 1992 年时则高于后者,达到 8467 元。

表 3-1　　1985~1992 年经济特区和其他主要城市以及全国名义国内生产总值平均增速

| 地区 | 名义国内生产总值 | | | 名义人均国内生产总值 | | |
| --- | --- | --- | --- | --- | --- | --- |
| | 1985 年绝对值（亿元） | 1992 年绝对值（亿元） | 平均增速（%） | 1985 年绝对值（元） | 1992 年绝对值（元） | 平均增速（%） |
| 深圳 | 39.0 | 317.3 | 34.9 | 4809 | 12827 | 15.0 |
| 珠海 | 9.8 | 103.2 | 40.0 | 2431 | 14584 | 29.2 |
| 厦门 | 18.4 | 97.7 | 27.0 | 1788 | 8467 | 24.9 |

续表

| 地区 | 名义国内生产总值 | | | 名义人均国内生产总值 | | |
|---|---|---|---|---|---|---|
| | 1985年绝对值（亿元） | 1992年绝对值（亿元） | 平均增速（%） | 1985年绝对值（元） | 1992年绝对值（元） | 平均增速（%） |
| 北京 | 257.1 | 709.1 | 15.6 | 2643 | 6458 | 13.6 |
| 上海 | 466.8 | 1114.3 | 13.2 | 3811 | 8208 | 11.6 |
| 广州 | 124.4 | 510.7 | 22.4 | 2302 | 7521 | 18.4 |
| 全国 | 9098.9 | 27194.5 | 16.9 | 866 | 2334 | 15.2 |

资料来源：各地《统计年鉴》和全国《统计年鉴》。

这些正的净收益不仅强化了经济特区自身的市场化改革取向，而且促使中央政府最终确立了以建立社会主义市场经济体制为目标的改革取向。不仅如此，这一阶段经济特区政府的改革思路也为此后全国范围经济体制改革思路的形成提供了借鉴，如上海浦东新区选择的"小政府、大社会"的目标体制、多种所有制经济共同发展、与国际社会接轨、对国有企业进行股份制改造并通过产权交易改进国有资产运营效率等经济体制改革思路，都可以在转轨前中期的内部经济体制改革政策思想中找到原型。

由于所处时代的限制，转轨前中期的对外开放导向的渐进市场化思想并非完美无缺。例如，特区政府最初曾试图在特区这个计划经济体制薄弱的地区建立起纯粹以市场为主导、政企职能清晰分离的经济体制，然而这一愿望在某种程度上低估了改革的难度，进而缺乏针对意外情形的应对措施。以政企分工改革为例，尽管经济特区政府明确提出要通过政企分工向企业释放经营权，以使企业"自主行使产销权、资金使用权和劳动工资调整权"，但却没有对政府机构是否应当参与企业兴办这一关键问题进行说明。在这种条件下，经济特区出现了大量的以政府机关名义兴办的企业，这些企业在经营失利后俱由政府承担其后果，如李灏同志回忆其刚到任深圳市长时的情况："所有政府机构没有不办企业的"，并且"全市有多少企业，有多少资产，负债多少，谁也说不清楚，连资产负债表的概念都没有","最后出事都要由市政府埋单"。① 而由于对权力监管的不足以及价格双轨制的影响,寻租现象大量发生。

此外,对于经济体制改革的困难认识不足。微观层面的案例是其对于国有企业经营管理体制改革的思路。此时特区政府认为,建立国有资产经营管理体制和推行政企分工以及股份制是解决国有企业问题的办法,然而此后二十余年一再强调深化国有企业经营管理体制改革表明国企改革并不是如同预计中那样简单,其要涉及产权明晰、经营监管、行业垄断等一系列复杂的问题。而宏观层面的案例则是海南经济体制改革方案的受挫,尽管海南省政府提出了极为进取的改革方案,但受到当时国际经济形势的影响以及国内宏观紧缩与政策思路转向的影响,方案中许多改革事项只能流于空想,如第二关税制度的构想,而海南经济增长速度也受此影响,在1989~1991 年间仅实现 12.12%~18.60% 的名义增长,甚至低于同期广东、福建两省的增长速度。

最后,由于经济特区具有特殊的区位条件(沿海地区,毗邻港澳)并且受到特殊政策(特许实行更大程度的对外开放政策、以市场经济体制为主以及改革自主权)的影响,使得特区内部经济体制改革政策思想的可推广性在一定程度上被削弱,如此后全国范围内国企改革时所面临的国企下岗职工安置问题,在特区内部经济体制改革政策思想中就没有涉及。当然,这种可推广性上的欠缺也成为体制完善期中央政府在多个地区分别设立国家综合配套改革试验区的诱因之一。特殊政策所形成的体制落差导致资源更多流向经济特区,并使经济特区获得高速发展,由此也使特区改革思路的成效被夸大;而许多问题则被掩盖,如市场规则建设、政府投资决策机制完善等,转轨中后期海南、珠海及汕头所遭遇的挫折在一定程度上可以被视为根源于此。事实上,即使是深圳的改革思路与经验,也不能完全适用于珠海、汕头、厦门和海南的改革中,更何况是差异更大的全国其他地区。

当然,无论如何,从总体上看转轨前中期经济特区政府的内部经济体

---

① 李灏口述,樊鹏整理,钱汉江编审:《原深圳市委书记李灏关于深圳特区几项重大改革的回忆》,引自樊纲等著:《中国经济特区研究——昨天和明天的理论与实践》,中国经济出版社 2009 年版,第 260~269 页。

制改革政策思想——对外开放导向下的渐进市场化改革思想的确使经济特区从传统体制下贫穷落后的边缘地带迅速发展为经济发达的现代化城市，并且促进了以建立社会主义市场经济体制为目标的全国范围经济体制改革目标的最终确立，这是毋庸置疑的。

## 第二节 转轨中后期经济体制改革政策思想的两个转型（1992～2002年）

随着邓小平南方谈话的发表以及中共十四大的召开，中国明确了建立社会主义市场经济体制的改革总目标，对于经济特区而言，这意味着：(1) 进行经济体制改革的宏观制度环境得到改善，可以明确地将建立市场经济体制作为改革总目标并且以此设计更为细致的改革思路；(2) 来自中央政府的特殊政策以及由特殊政策所形成的体制落差逐渐消失，特区概念实质上被淡化，由此特区无法利用体制落差垄断性独占改革收益，并且需要面临来自非特区地区更大程度的竞争。

外部条件的变化改变了特区政府所面临的激励约束，进而改变了特区政府的内部经济体制改革政策思想。相对于转轨前中期而言，特区政府的内部经济体制改革思路不再停留在对市场经济体制中若干制度安排进行试验上，而在于如何利用前一阶段先行改革所积累的竞争优势，进一步推进经济体制改革，进而在竞争中不落后于其他地区。这一点在深圳市政府的内部经济体制改革政策思想上显得尤为突出。

### 一、从特殊政策导向到体制创新导向

充分利用中央政府赋予特区的特殊政策是转轨前中期特区政府构建经济体制改革政策思想及方案的重要出发点。以李灏同志在中共深圳市第一次党代会上的报告为例，其在总结特区成功经验时，指出"特区的'特'，很重要的是'特'在对外开放上。我们根据中央举办特区的政策，

逐步扩大开放程度……使深圳逐步成为在经济上能够按国际惯例运作的地区"；而对于进一步改革，其指出"要充分利用党中央、国务院给予的优惠政策和深圳自身的优势，发扬勇于探索、科学求实的精神……加快特区完善成型的步伐，为探索建设有中国特色社会主义的路子做出新的贡献"。① 这种特殊政策导向的思维方式一直持续至中共十四大召开之前，1992 年 1 月 8 日中共深圳市委一届三次全体会议仍然认为：未来的改革需要"继续发挥特区的优势，用好用足政策"。②

经济特区政府观念转变始于党的十四大的召开，江泽民同志所作的十四大报告提出要"围绕社会主义市场经济体制的建立，加快经济体制改革步伐"和"进一步扩大对外开放，更多更好地利用国外资金、资源、技术和管理经验。对外开放的地域要扩大，形成多层次、多渠道、全方位开放的格局"。③ 据此，在同年 11 月召开的中共深圳市委一届五次全体会议上，李灏同志指出："全国新的改革开放浪潮和又一次思想解放运动，对深圳既是一个新的挑战，又是一股强劲的动力。党的十四大确立了建立社会主义市场经济的目标模式，提出对外开放的地域要扩大，形成多层次、多渠道、全方位开放的格局。这意味着在新的一轮改革开放浪潮中，深圳要更多地依靠内部的因素、内在的潜力来求得发展"。④ 这表明经济特区已经意识到改革宏观环境的变化会使特区面临更大的竞争压力，但其着眼点仍然在于对外开放领域上的竞争，而没有预期到特殊政策的取消以及随后的体制趋同。

1993 年 11 月 14 日，党的十四届三中全会通过的《中共中央关于建立

---

① 李灏：《继续办好深圳经济特区，努力探索有中国特色的社会主义路子——在中国共产党深圳市第一次代表大会上的报告》，引自深圳经济特区年鉴编辑委员会编：《深圳经济特区年鉴》（1991），广东人民出版社 1991 年版，第 62～73 页、第 83 页。

② 王众孚：《进一步改革开放，促进经济建设更大发展——在市委一届三次全体（扩大）会议上的讲话（节选）》，引自深圳经济特区年鉴编辑委员会编：《深圳经济特区年鉴》（1993），深圳特区年鉴出版社 1993 年版，第 507～509 页。王众孚，时任深圳市委副书记，深圳市常务副市长。

③ 江泽民：《加快改革开放和现代化建设步伐，夺取有中国特色社会主义事业的更大胜利——在中国共产党第十四次全国代表大会上的报告》，引自中共中央文献研究室编：《十四大以来重要文献选编》（上），人民出版社 1996 年版，第 1～47 页。

④ 李灏：《全面落实党的十四大精神，把深圳的改革开放和建设事业推上新台阶——在中共深圳市委一届五次全体（扩大）会议上的报告（节选）》，引自深圳经济特区年鉴编辑委员会编：《深圳经济特区年鉴》（1993），深圳特区年鉴出版社 1993 年版，第 498～503 页。

社会主义市场经济体制若干问题的决定》提出按照"统一税法、公平税负、简化税制和合理分权的原则"进行分税制改革,以及"实行全方位开放。继续推进经济特区、沿海开放城市、沿海开放地带,以及沿边、沿江和内陆中心城市的对外开放",并且要坚持"统一政策、开放经营、平等竞争"的方向进一步改革对外经济贸易体制。[①] 此后随着分税制改革的迅速展开以及对外开放范围的扩大,原本在经济特区实行的某些优惠政策和灵活措施在内地不少地方得到推行并取得显著成效,这一变化使经济特区在政策上的特殊性迅速降低。1994年6月,江泽民同志在广东考察时对经济特区提出"增创新优势,更上一层楼"的要求,指出保持特区优势的立足点和重点不应再放在"灵活政策"的优势上,而主要应"通过深化各项改革、调整经济结构、加强全面管理、提高人员素质、完善投资环境、增进经济效益、健全法制规范,使整体经济水平再上一个台阶"。[②]

对于中央政府的要求,深圳经济特区政府于1995年提出了"二次创业"的口号,其指出:"随着我国全方位改革开放的形成,特区经济得以发展的一些优势,在明显减弱,这是一个必然的不可逆转的过程。它意味着一个特定的历史发展期的结束和一个新的历史发展期的到来。特区的发展思路要从优惠型转向功能型,立足于自身的历史积累、坚实基础、苦练内功,增创新优势。这就是进行第二次创业"。在第二次创业阶段,"特区要继续'特'下去,要'特'在基本政策不能变上,'特'在增创新优势上,'特'在按国际惯例办事上,'特'在继续大胆解放思想、更新观念上"。为了实现上述目标,特区改革需要在"继续发扬敢闯精神"的基础上,做到:(1)在不要求中央给予更多的政策扶持基础上,充分把握先行试验权,抓好建立现代企业制度、转换政府职能等关键环节和改革难点,率先实现突破;并借鉴国际成功先例,结合自己实际进行改革。(2)要对"对全国、对全局有普遍意义,一时实施有较大难度,或者还不太有把握

---

① 中国共产党十四届中央委员会:《中共中央关于建立社会主义市场经济体制若干问题的决定》,引自中共中央文献研究室编:《十四大以来重要文献选编》(上),人民出版社1996年版,第519~548页。
② 江泽民:《经济特区要增创新优势,更上一层楼》,引自《江泽民文选》第一卷,人民出版社2006年版,第374~382页。

的改革措施"进行先行探索和先行试验,力争做到"我国将要实行的符合国情的国际惯例,在深圳先试办""我国复关需要调整的政策,在深圳先试用"和"我国建立社会主义市场经济体制所需要的改革措施,在深圳先试行"。(3)"努力学会按国际惯例办事","按照国际惯例深化经济体制改革"。(4)在产业结构、经济体制、基础设施等十个方面增创新优势,"把深圳建设成为社会主义现代化的国际性城市"。① 进行"二次创业"的口号提出之后,很快得到中央政府的肯定,在 1996 年 4 月于珠海召开的全国经济特区工作会议上,李鹏同志明确指出:"特区需要牢固树立二次创业思想……从主要依靠优惠政策转向依靠四个根本性转变,在经济体制、经济增长方式、对外开放和发挥区位优势等方面,增创新优势,提高整体素质"。② 由此"二次创业"也成为其他经济特区制定改革与发展策略的基本思路。

从"用好用足政策"到"二次创业"口号的提出与普及,体现了经济特区政府在转轨中后期特殊政策以及由特殊政策所形成的体制落差逐渐消失的条件下,改革动力及其策略的转换过程。对于经济体制改革而言,这一转换意味着经济特区政府要在更大程度上成为微观制度安排的供给者,其要围绕中央政府所设定的改革纲要而非特殊政策,选择实现潜在收益最大化的改革领域及方式,并通过改革实践获取相应的收益,以通过外溢的方式促进全国范围的经济体制改革。

## 二、从重点改革到全面改革

经济特区政府在 1992～1995 年间的改革思路基本上是前一阶段改革思路的延续和适度拓展,以厉有为同志 1993 年在市委工作会议上的讲话为例视之,他指出:尽管"深圳经过十多年的建设和发展,已经建成一座初具规模的现代化城市",形成了"思想观念""毗邻香港""经济体制改

---

① 李容根:《继续发扬敢闯精神》,载于《深圳商报》,1995 年 10 月 6 日。李容根,时任中共深圳市委副书记。
② 李鹏:《努力把经济特区办得更好——在经济特区工作会议上的讲话》,引自中共中央文献研究室编:《十四大以来重要文献选编》(下),人民出版社 1999 年版,第 1909～1917 页。

革先行一步"等一定优势,但是在"经济体制和运行机制""政府职能的转变和宏观调控能力""企业的配套改革""经营管理和经济效益"等方面仍然存在不少差距和问题,因而要"进一步抓住机遇,发挥优势,再造优势,加快发展"。而改革的重点和思路则是:

进一步转换企业经营机制,建立现代企业制度,包括:(1)"通过企业股份制改造,明确产权关系,建立新型的国有资产管理体系";(2)"加快企业转换经营机制的步伐",要"进一步贯彻落实市人大通过的股份有限公司、有限责任公司等条例,制定实施细则,明确政府各部门的职责分工,加速国有企业的改造";(3)"取消国有企业的行政级别,建立以经营规模、效益水平为标准的企业评价系统,形成新的企业分类定级体系";(4)"实现生产要素的重组和优胜劣汰,尽快成立企业破产中介机构,推进企业产权转让和依法破产";(5)培育有较强实力的企业集团和跨国公司。

加快金融体制改革,使深圳成为区域金融中心,包括:(1)"全面推行银行资产风险管理,积极进行国家专业银行股份制改革的试点,把专业银行办成股份制商业银行";(2)"允许更多的外资银行进入深圳设立分行,创办中外合资的银行和保险公司等",并"争取国家尽快批准成立股份制的科技银行";(3)"加快金融期货市场、黄金市场、外汇市场等金融市场体系的建设";(4)在证券市场上,通过"建立中央结算系统,改进信息发布体系,建立合资证券公司、合资基金公司和投资公司,使证券市场体系和行为更趋完善";(5)加快各金融机构运作国际化、手段现代化改造。

加快经济立法,建立社会主义市场经济秩序,要利用深圳经济特区所拥有的立法权,将"特区在探索建立市场经济体制中成功的经验、政策和规章",通过"立法程序",使之"上升为法规",力图"在3~5年时间内做到在经济体制改革和对外开放的主要方面,基本有法可依、有章可循"。

着力建立与完善五大市场经济体系,包括:(1)建立和完善"由商品市场、生产要素市场和产权市场3个层次构成的市场体系";(2)建立"介于政府与企业之间,为发展生产力服务的多层次、多功能的社会服务体系";（3）建立"包括离退休保障、待业保障、住房保障、医疗保障等在内的社会保障体系";（4）建立"法律体系";（5）建立"宏观管理和宏观调控体系，完善监控体系和各种管理监督措施及监督手段"。①

其他经济特区政府的改革思路也与此大同小异，如珠海经济特区政府提出了以"继续发展和完善市场体系，建立健全系统的市场规则""建立适应市场经济要求的现代企业制度""加快建立劳动就业、收入分配和社会保障制度""推进机构改革"② 等为重点的改革方略；厦门经济特区政府提出的改革思路则包括："推进建立现代企业制度改革"、依据分税制改革"深化财税体制改革"、以"银行的政策性业务与商业性业务相分离"为核心的金融体制改革、以生产要素市场和资金中长期市场建设为重点的市场体系培育、以"社会统筹和个人账户相结合的原则"加快社会保障制度建设、按照"政企职责分开和精简、统一、效能的原则"③ 进行机构改革，等等。汕头经济特区与海南经济特区的改革思路亦与此类似，故不再赘述。

"二次创业"口号的提出是经济特区政府改革思路从对传统经济体制重点领域进行改革到为建立社会主义市场经济体制而进行全面改革的转折点，由于"二次创业"强调特区要通过自我创新的方式进一步推动经济体制改革，因而经济特区政府提出了更为进取的改革思路。1995 年 10 月 29 日，厉有为同志在《深圳商报》上撰文，认为深圳"初步形成了社会主义市场经济体制的基本框架"，④ 这一提法成为《深圳市国民经济和社会发展"九·五"计划》提出"率先建立和完善社会主义市场经济体制"⑤

---

① 厉有为：《发挥优势，再造优势，努力把深圳简称多功能现代化国际性城市——在市委工作会议上的讲话（节选）》，引自深圳经济特区年鉴编辑委员会编：《深圳经济特区年鉴》（1994），深圳年鉴出版社 1994 年版，第 526~530 页。厉有为，时任深圳市委书记、市长。

② 梁广大：《深化改革，扩大开放，加快珠海市现代化建设步伐——在中国共产党珠海市第一次代表大会上的报告》，引自珠海年鉴纂委员会编：《珠海年鉴》（1994），广东人民出版社 1994 年版，第 380~391 页。梁广大，时任珠海市委书记。

③ 洪永世：《政府工作报告——在厦门市第十届人民代表大会第二次会议上》，引自厦门经济特区年鉴编辑委员会编：《厦门经济特区年鉴》（1994），中国统计出版社 1994 年版，第 3~11 页。洪永世，时任厦门市长。

④ 厉有为：《敢闯敢试，锐意改革，率先建立社会主义市场经济体制》，载于《深圳商报》，1995 年 10 月 30 日。

⑤ 《深圳市国民经济和社会发展"九·五"计划》，载于深圳年鉴编辑委员会编：《深圳年鉴》（1997），深圳特区年鉴出版社 1997 年版，第 606~620 页。

目标的逻辑起点；1997年12月31日，中共深圳市委和深圳市人民政府印发的《深圳全面建设比较完善的社会主义市场经济体制纲要》（以下简称《纲要》）意味着以"率先建立和完善社会主义市场经济体制"为目标的改革思路的具象化，我们以《纲要》为例视之。

关于改革总体思路，《纲要》分析指出："党的十五大以后，全国改革开放将进入新的历史时期。在新的形势下，深圳要保持经济体制改革的领先优势，在体制创新、产业升级、扩大开放等方面继续发挥示范、辐射和带动作用"，基于"深圳已经形成了市场经济体制的基本框架"，故而提出"以现有社会主义市场经济体制基本框架为基础，再经过十年左右的努力，在全国率先形成比较完善的社会主义市场经济体制和运行机制"的目标。

对于目标体制的基本框架，《纲要》的描绘如下：

（1）多种所有制经济公平竞争、共同发展，大力发展混合所有制经济，使基本经济制度和运行机制更趋完善和巩固。

（2）国有企业全面建立现代企业制度，国有资产监管和运营体系更加完善，国有经济在市场竞争中充满生机活力，控制力不断增强，国有资本迅速增值，在若干领域形成一批实力雄厚的跨地区、跨行业、跨所有制、跨国经营的大型企业集团。

（3）以商品市场为基础、以要素市场为主体的统一开放、竞争有序的市场体系发达完备，市场配置资源的基础性作用得到全面而充分的发挥。形成连接香港、依托华南、服务全国的金融中心、商贸中心、信息中心和运输中心。

（4）按劳分配和按生产要素分配相结合，效率优先、兼顾公平的收入分配制度和分配调节机制趋于完善。以新型的收入分配制度作为深圳市实现经济的高效运行和共同富裕双重经济发展目标的制度基础。

（5）社会共济与自我保障相结合，资金来源多渠道、保障方式多层次、保障项目齐全、覆盖全社会的社会保障制度完善成熟。

（6）自律、公正的社会经济监督、服务体系依法运行，形成专业化、市场化、社会化的运作机制，完善社会主义市场经济新秩序。

（7）经济运行与国际惯例接轨，对外开放进一步扩大，在更高层次和更宽领域参与国际经济合作与竞争。充分发挥深圳的区位优势，逐步实现深港经济一体化。

（8）建立具有跨世纪国际竞争力的教育、科技体制。完善城市功能、促进产业升级，为市场经济发展提供科技和人才条件及城市环境条件。

（9）形成适应现代市场经济要求的机构精干、职责明确、依法行政、廉洁高效的政府组织体系，政府行为的内部约束和外部监督机制完善，以间接管理为主、面向全社会的经济管理调控体系有效运作。

（10）适应市场经济要求的法规体系比较完备，形成完善的立法、执法运作机制和多元化的监督机制，经济运行和社会管理的法制化程度达到较高水平，保障社会主义市场经济运行的公正性、规范性、稳定性和连续性。

为了实现上述目标，《纲要》提出的改革思路要通过"调整和完善所有制结构，大力发展混合所有制经济""深化国有企业改革，加快建立现代企业制度""加快发展要素市场，进一步完善市场体系""切实转变政府职能，充分发挥市场配置资源的基础性作用""深化分配制度改革，完善社会分配结构和分配方式""扩大参保面，健全多层次社会保障体系""进一步健全社会经济监督服务组织""加大对外开放力度，搞好深港经济合作"和"进一步加强法制建设"十个方面的努力来实现。在这些重点领域中，除国有企业改革、市场体系建设、分配制度改革等领域的改革思路基本延续此前思路之外，值得重点关注的地方在于"切实转变政府职能"和"健全社会经济监督服务组织"。

关于切实转变政府职能，《纲要》认为："核心问题在于正确处理资源配置中行政手段和市场作用的关系"，要"保证市场机制在资源配置中更好地发挥基础性作用"，同时要"切实强化政府的权威，有效地防止市场失效，加强市场监管与引导"。为此，《纲要》提出以政府审批制度改革为突破口推动政府职能转变，具体思路是："除重要的自然资源的开发利用、城市规划、环境保护、特种产品和项目的生产和经营、关系到国计民生的少数商品的专营专卖、政府投资项目、少数指令性计划指标和进出口配额、少数重要商品的定价和服务性项目的收费标准等，由政府部门严格审批以外，大部分审批事项要逐步改为核准制和备案制，以及采取招标、拍卖等市场化管理方式。优化政府管理的内容和方法，需要保留的审批,要坚持依法办事,公开透明,规范操作,提高效率,加强监管。在保持政府对经济活动具有必要的、强有力的干预能力的同时,将政府管理的重点彻底转到宏观调控和行业监管上来"。此外,还要"加强行政执法监督,提高行政执法水平,促进政府机关全面依法行政,依法治市"。

关于健全社会经济监督服务组织,《纲要》的核心思路是培育独立于政府的社会经济监督服务组织,而其具体思路包括:(1) 积极培育和发展投资顾问公司、专业经纪公司、风险投资服务机构、税务代理等社会中介组织;(2) 通过合伙制、有限责任公司等形式对现有社会经济监督服务组织进行改制,使其"真正实现独立、客观、公正执业";(3)"赋予行业协会必要的职能,使其成为政府调控市场、沟通企业的桥梁和纽带";(4)"加大对社会经济监督服务组织的监管力度,完善监管机制,发挥其应有的职能和作用"。[①]

通过以上的引述不难发现,相比"二次创业"提出之前的改革思路,《纲要》所提出的改革思路在目标体制框架、重点领域的改革思路上都有了更清晰和更全面的构思,并且在政府如何从微观经济运行的干预中退出以及退出之后如何确保经济运行秩序上有了更为明确的思路。值得注意的是,尽管《纲要》对于如何规范和约束政府行为着墨较少,但是从深圳市在此前后的改革实践来看,其所构思的还不仅限于《纲要》所述,如1998年深圳市人大常委会通过《深圳经济特区政府采购条例》,将竞争性招投标制度引入政府采购中。又如2001年9月,深圳市政府出台《深圳市深化投融资体制改革的指导意见》,提出公共产品投融资体制改革的目标和原则,其主旨是将公共产品分为非经营性和经营性两类;政府投资应以非经营性公共产品为主,而对于经营性公共产品投资,应以带动社会资本投资为目的;政府应当逐步退出社会资本有投资意愿的公共服务领域,并且鼓励社会资本成为经营性基础设施和经营性社会事业领域的投资主体。这表明,约束政府投资行为实际上已经成为这一阶段深圳经济特区政府改革思路中的重要环节了。

---

[①] 中共深圳市委、深圳市人民政府:《中共深圳市委,深圳市人民政府关于印发〈深圳全面建设比较完善的社会主义市场经济体制纲要〉的通知》,深圳市人民政府网站,http://www.sz.gov.cn/。

另外,当深圳经济特区政府提出《纲要》后,其对其他经济特区政府的改革构思也产生一定影响,如珠海市政府在1998年初提出要"抓紧制定和实施我市建立和完善市场经济体制的总体规划,力争今年重点突破体制改革的一些薄弱环节,实现全市经济体制改革向全方位推进",重点包括:"抓大放小""积极探索公有制的多种实现形式,大力发展非公有制经济""完善市场体系,进一步实现资源配置市场化""建立和完善多层次的社会保障体系""转变政府职能,建立精简高效的宏观调控管理体系"五方面,并且在更具体的层面也采取了诸如"改革政府审批制度""加快兼有政府职能的中介服务机构的转制""鼓励社会力量兴办中介服务机构"[①] 等措施。厦门、汕头和海南经济特区政府的改革思路也与此大致类似,故而不再赘述。

## 三、转轨中后期经济体制改革政策思想评价

纵观转轨中后期特区政府经济体制改革政策思想的两个转变,不难发现两者之间的逻辑联系:原有特殊政策的渐次取消和普惠化这一制度环境变化,促使经济特区政府变更思维方式,从依赖特殊政策形成体制优势到通过在体制改革上的自主创新以维持体制上的优势,由此则使改革动力及策略由特殊政策导向转变为体制创新导向,即从"用好用足政策"转变为"增创新优势"和"二次创业";而将上述思想转变落实为更加具象化的改革方案构思时,基于特区经济体制改革先行一步的优势,自然而然的思路便是通过进一步改革以率先建立和完善社会主义市场经济体制,从而保持经济体制上的优势地位,由此则使改革总体思路从对传统体制重点领域进行突破转变为进行全面系统的改革。

尽管第一个转变并没有带来关于改革方案的具体构想,但是它意味着地方政府对于自身在改革中地位和作用认识的转变,这种转变使地方政府在经济体制改革中扮演更加积极主动的角色,而不再纯粹是中央政府政令的机械执行机构。而中央政府对"增创新优势"和"二次创业"的肯定,

---

① 黄龙云:《政府工作报告——在珠海市第四届人民代表大会第六次会议上》,引自珠海年鉴编纂委员会编:《珠海年鉴》(1999),珠海出版社1999年版,第84~93页。黄龙云,时任珠海市市长。

也表明分权改革思想的进一步确立——通过改革授权的释放，让地方政府成为中观和微观层面经济体制改革的主要推动力量。另外，就经济体制改革的特区路径而言，这种转变为下一阶段中央政府以"地方申请、中央批准"的方式选择设立特区奠定了基础。很显然，只有当地方政府在改革上具有较强主动性、能够自主制订改革方案时，这种方式才能够被采用，否则改革依然只能采取中央政府主导选择设立特区的方式展开。

与特区经济体制改革思想的两个转变形成一定对比的是经济特区在本阶段发展中所遭遇的挫折：从1993~1994年海南房地产泡沫的破灭到珠海市基础设施超前规划与低效率利用，再到20世纪90年代末期汕头信用危机爆发，直至2000年前后深圳因新股停发而导致的低迷状态。尽管这些挫折的成因并非完全由于经济体制改革思路上的缺陷所致，如深圳在2000年前后的低迷状态在很大程度上是由于1997年亚洲金融风暴以及中央政府对上海的政策倾斜所致，但也在很大程度上反映出原有改革思路中的某些缺陷，如海南和汕头的问题可以归结于对建立市场体系运作规则的忽视，而珠海的问题则归结于对如何约束政府投资行为的忽视。各地区经济增速如图3-1所示。

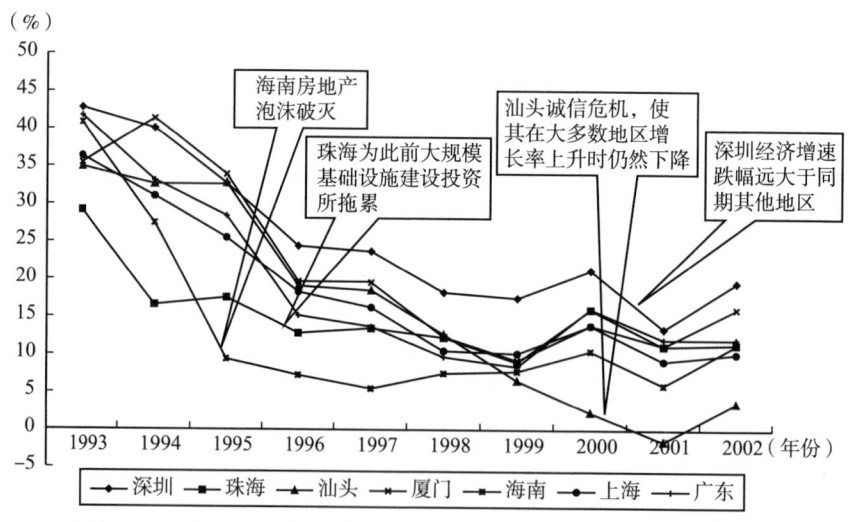

图3-1 1993~2002年经济特区与上海、广东名义地区生产总值增速

资料来源：国家统计局，http://www.stats.gov.cn/。

特区发展所遭遇的挫折表明，那种"只要把旧制度改了，一切问题便会迎刃而解"的观念是一种运行于真空中的模型：一方面，旧制度被废除之后，新制度并非立刻建立起来，尤其是那些人们在短期内没能够意识到其重要性的制度安排，这使得在成熟市场经济体制下难以出现的投机行为和投资失误得以集中爆发；另一方面，即使新制度得以建立，并不必然意味着资本、技术等要素的流入，也并不必然意味着市场的扩大，尤其是当改革地区不具备先天的区位优势和体制落差优势时，地方政府在政治晋升和经济竞争压力下更容易采取短期行为。因此，在如何建立和完善社会主义市场经济体制的方案设计上，应当有更为细致的思考，而这也反映于体制完善期中央政府对于国家综合配套改革试验区的选择思路上。

## 第三节　体制完善期目标多样化的综合配套改革思想（2002~2012年）

2002年召开的党的十六大提出"社会主义市场经济体制初步建立"，进一步的改革任务在于"完善社会主义市场经济体制"，而自2003年起，中国进入了践行科学发展观和构建和谐社会的时期。这一时期的国家综合配套改革试验区是中央政府为完善社会主义市场经济体制而设立的综合性经济特区。与20世纪80年代设立的经济特区以探索市场经济体制中若干制度安排的可行性不同，国家综合配套改革试验区更加强调体制改革的自主性和综合配套性，即经济体制改革并不仅仅是模仿成熟市场经济体的某些制度安排，而是要密切结合具体现实来构建符合中国国情的市场经济体制。根据综合配套改革试验区的性质，可以将综合配套改革试验区分为全面型和专题型两种，进而分述其内部经济体制改革政策思想。

## 一、全面型配套试验区的改革思路

### (一) 浦东新区的改革构想

作为长三角地区乃至整个长江流域对外开放的龙头,浦东新区在20世纪90年代初设立之时就确立了成为以金融、商贸等第三产业为支柱的现代化国际中心城市的战略定位;经过15年的建设,浦东新区业已在体制创新、经济发展和城市建设上取得举世瞩目的成就。2005年6月21日,经国务院常务会议的批准,浦东新区成为第一个国家综合配套改革试验点。浦东新区的改革构想如下:

1. 目标体制

浦东新区的构想是建立"制度比较完备、运行比较高效的社会主义市场经济体制",具体而言,其包括五个标志:(1)"比较完善的社会主义市场经济体制";(2)"充分激发自主创新活力的有效机制";(3)"有利于实现统筹协调发展和构建和谐社会的制度环境";(4)"与经济全球化趋势和开放经济相适应的经济运行规则体系";(5)"形成制度创新和扩大开放的示范引领优势"。

2. 改革突破点

浦东新区的构想是从转变政府职能、转变经济运行方式以及改变城乡二元结构入手,具体而言:(1)"着力转变政府职能,构建从事经济调节、市场监管、社会管理和公共服务的责任政府,注重制度环境建设和改造的服务政府,依法行政的法治政府";(2)"着力转变经济运行方式,构建符合社会主义市场经济要求、与国际通行做法相衔接的经济运行法规体系和体制环境";(3)"着力改变城乡二元经济与社会结构,构建社会主义和谐社会"。

3. 改革具体思路

根据上述改革突破点,浦东新区将其细化为十项任务,即:(1)通过行政审批制度改革,推进政府绩效考评,建立监察制、投诉制、评估制和问责制等方式,"推动政府转型,建立公共服务型政府管理体制";(2)以陆家嘴金融贸易区为载体展开金融改革和金融创新,"推动要素市场发展和金融创新,完善现代市场体系";(3)"探索混合所有制的实现形式,增强围观经济活力";(4)通过推进政府与中介组织分离,"大力培育和发展中介组织,提高经济运行的组织化程度";(5)通过推进街道职能转变改革、建立多层次公共服务平台等方式,"加快推进公共部门改革,促进经济社会协调发展";(6)以张江科技园区为载体,通过开展股权交易试点、建立创业风险投资引导基金、完善知识产权保护制度等方式,"加快科技体制创新,增强自主创新能力";(7)"探索建立人力资本优先积累机制,全面有效地推进人力资源开发";(8)通过推进乡镇机构改革、完善"承包土地换保障"办法、推进城郊基础教育和医疗卫生管理体制并轨等途径,"加快破除城乡二元结构的制度障碍,推进城乡统筹发展";(9)"建立科学的调节机制,完善与经济社会发展水平相适应的收入分配与社会保障体系";(10)"扩大对外开放,形成适应国际通行做法的市场运行环境"。在实践中,浦东新区制定了更为细致的三年行动框架并以此展开改革,上海市与国家部委也为配合浦东新区综合配套改革而制定了相应的政策举措。

从总体上看,浦东新区的综合配套改革思路是基于浦东新区独特的地理位置、制度环境和角色定位等条件而设计的。浦东新区位于上海这样的经济中心城市中,而上海又是中国国家战略中所设定的国际经济、金融、贸易和航运中心,因此浦东新区的综合配套改革构想在一方面具有很强的可借鉴性——由于是在较为发达的市场经济环境下进行改革,因而许多改革构想都是以成熟发达的市场经济体制中的具体制度安排作为目标,而这对于那些市场经济仍然不太发达的地区的改革而言无疑是具有先导性的;另一方面,也有其独特而不具备可模仿性的一面——作为国家战略的重点,浦东新区可以获得其他地区无法得到的政策资源,如对金融业的支持以及对国际贸易的支持,而这些资源往往是其他地区无法获得的,故而浦东新区在这些方面改革思路的可推广性较弱。

### (二) 天津滨海新区的改革构想

继珠三角地区和长三角地区之后,环渤海地区被视为中国第三个经济增长极,而天津滨海新区则被视为环渤海地区中带动北方经济增长的引擎,这一观念在体制完善期逐渐明晰起来,如2005年6月27日新华社报道所说:"温家宝指出,加快天津滨海新区开发开放是环渤海区域及全国发展战略布局中重要的一步棋,走好这步棋,不仅对天津的长远发展具有重大意义,而且对于促进区域经济发展、实施全国总体发展战略部署、实现全面建设小康社会和现代宏伟目标,都具有重大意义"。[①] 在这种观念的指引下,2006年5月26日,天津滨海新区正式成为国家综合配套改革试验区,其改革思路主要体现在《天津滨海新区综合配套改革试验总体方案》中。

1. 目标体制

滨海新区的构想是:"基本建立以自主能动的市场主体、统一开放的市场体系、精简高效的行政体制、科学有效的调控机制、公平普惠的保障体系、完备规范的法制环境为主要特征的完善的社会主义市场经济体制"。由此,为把滨海新区"建设成为北方对外开放的门户、高水平的现代制造业和研发转化基地、北方国际航运中心和国际物流中心、宜居生态型新城区"提供制度保障。

2. 改革重点

滨海新区的构想是:(1)以推动政企分开、调整国有经济布局和结构、健全国有资产监督管理体制以及支持非公有制经济进入金融服务、公用事业、基础设施领域以及创新中小企业融资模式等方式,"深化企业改革,发展混合所有制经济,建立并完善社会主义市场经济的微观基础";(2)通过创新高新区开发管理模式、完善科技投融资体系等途径,"深化科技体制改革,增强自主创新能力,建设高水平的研发转化基地";(3)通过加快东疆保税港区建设、深化口岸管理体制改革等方式,"深化涉外经济体制改革,充分发挥对外开放门户作用,逐步把天津建成我国北方贸易中心";(4)以扩大直接融资和增强金融企业综合服务功能为重点,通过扩宽直接融资渠道、创新金融产品、整合天津市现有各类地方金融企业股权建设金融服务区等方式,"推进金融改革创新,创建于社会主义市场经

---

① 新华社:《温家宝:建设好滨海新区促进环渤海区域经济发展》,2005年6月27日。

## 第三章 特区内部经济体制改革政策思想

济体制相适应的现代金融服务体系";(5)通过建立征地补偿安置争议协调裁决制度、开展留地安置、集体建设用地使用权入股、土地股份合作等多种方式,"改革土地管理制度,创新土地管理方式,增强政府对土地供应调控能力";(6)"推进城乡规划管理体制改革,促进滨海新区与市区和谐发展,建设生态型新城";(7)通过统筹城乡产业发展、公共服务与社会保障体制建设以及推进小城镇和农村市场体系建设等方式,"深化农村体制改革,建设社会主义新农村,推进城乡一体化发展";(8)通过规范劳动用工制度、加强政府在劳动用工备案和劳动合同管理中的市场监督和公共服务职能以及健全社会保障体系等方式,"推进社会领域改革,创新公共服务管理体制,构建覆盖城乡的基本公共服务体系";(9)通过建立清洁发展机制和排放权交易市场、健全环境质量评价指标体系、探索环境容量有偿使用制度、推进循环经济等方式,"改革资源节约和环境保护等管理制度,发展循环经济,建设资源节约型和环境友好型社会";(10)通过全面实行政企、政资、政事、政府与市场中介组织分开,强化滨海新区管委会统筹发展规划,基础设施建设职能等途径,"推进行政管理体制改革,转变政府职能,建立既集中统一领导又发挥各方优势、充满生机与活力的管理体制"。

从总体上看,天津滨海新区的综合配套改革构想具有鲜明的经济发展规划与经济体制改革相结合、经济体制改革与社会管理体制等方面的改革相结合的色彩,这种全面性使天津滨海新区的改革思路对于其他地区有较强的可借鉴性。当然,与上海浦东新区类似,由于天津滨海新区是国家推动环渤海经济区乃至中国北方经济发展战略的重点,使其改革思路在某些方面并不具备可模仿性,如涉外经济体制和金融体制上的改革思路;而从更为具体的改革内容来看,由于天津滨海新区市场经济发展水平与上海、广州、深圳等南方沿海城市相比较弱,因此某些具体的改革思路及举措对于整个经济体制改革而言并不具备领先性,如在企业改革中,仍然要强调"推进政企分开""规范(政府)对企业的行政管理方式"等;另外,由于天津滨海新区在实践中以吸引大型国企和外企进入投资为主,因而其"引导和支持个体私营经济到滨海新区投资创业"和"实施中小企业成长工程"① 等构想的实践效果如何仍有待观察。

### (三) 深圳市的改革构想

自改革开放以来,深圳市一直被视为改革开放的先试先行者。尽管自转轨中后期开始,面对特殊政策不断取消和普惠化的局面,深圳市政府提出了"二次创业"的口号以及相应的改革思路,但是在1997年亚洲金融危机的冲击以及国家政策向上海浦东倾斜的外部因素作用下,深圳市的发展在2000年前后进入低谷状态。经过两年时间调整,基于深圳在市场经济体制改革中的领先地位和特区立法权,深圳市自2003年开始力图拓展改革领域,将经济体制改革和社会、行政方面的改革相结合;自2005年起,改革的总体思路逐渐清晰,而改革的板块领域也逐步稳定,并开始目标明确地进行综合配套改革;② 而2009年5月,深圳市获国家发改委批准成为国家综合配套改革试点,标志着深圳市的综合配套改革进入到一个新的阶段,以《深圳综合配套改革试验总体方案》来考察深圳市政府的改革构想。

1. 改革总体思路

深圳市的构想是"四个先行先试",即:"对国家深化改革、扩大开放的重大举措先行先试""对符合国际惯例和通行规则,符合我国未来发展方向、扩大开放的重大举措先行先试""对深圳经济社会发展有重要影响,对全国具有重大示范带动作用的体制创新先行先试""对国家加强内地与香港经济合作的重要事项先行先试"。由此,以"全面推进综合配套改革",使深圳成为"科学发展的示范区、改革开放的先行区、自主创新的领先区、现代产业的集聚区、粤港澳合作的先导区、法制建设的模范区",并"强化全国经济中心城市和国家创新型城市地位"。

2. 改革重点

深圳市的构想是:(1) 通过整合政府机构、完善大部门管理体制、深

---

① 天津市人民政府:《天津市人民政府关于印发天津滨海新区综合配套改革试验总体方案的通知》,引自钟坚、郭茂佳、钟若愚主编:《中国经济特区文献资料》(第一辑),社会科学文献出版社2010年版,第367~381页。
② 樊纲等:《中国经济特区研究——昨天和明天的理论与实践》,中国经济出版社2009年版,第85~88页。

化行政审批制度改革、健全政府决策公开征询机制等方式,"深化行政管理体制改革,率先建成公共服务型政府";(2)以完善土地、财税、金融等基础性经济制度为核心,通过提高政府财政性资金和各类生产要素配置透明度,加快建立公共财政体系,推行代建制,建立和完善社会投资项目核准备案制度,建立金融改革创新综合实验区和建立全方位土地资产市场,建立和完善行业信用信息系统,进一步放宽中小企业、非公经济市场准入,合理引导中小企业、非公经济进入金融服务、公用事业和基础设施建设领域等途径,"全面深化经济体制改革,率先建立完善的社会主义市场经济体制";(3)通过完善医疗保险制度,开放医疗市场,统一规范人力资源市场,加快建立健全就业公共服务体系,探索社保基金保值增值有效机制以及深化教育、文化管理体制等领域的改革,"积极推进社会领域改革,加快构建社会主义和谐社会";(4)通过培育和发展技术评估、技术转移、产权交易和知识产权交易中心等各类中介服务机构,强化知识产权保护,完善知识产权行政执法与司法保护机制,加强区域合作与国际合作等方式,"完善自主创新体制机制,加快建设国家创新型城市";(5)在粤港澳合作框架下,通过与香港功能互补、错位发展、深化涉外经济管理体制改革、推进"深惠莞"分工协作与优势互补等途径,"以深港紧密合作为重点,全面创新对外开放和区域合作的机制体制";(6)通过构建大部门环境资源管理体制,探索建立资源价格形成机制,建立排污权交易制度和环境权益交易服务中心,建立政府、企业和社会多元化的投入机制以及加快环境基础设施建设和运营的市场化改革等途径,"建立资源节约环境友好的体制机制,加快建设国家生态文明示范城市"。[①]

与浦东新区的改革思路类似,深圳市的改革思路也将转变政府职能和建设公共服务型政府作为改革的首要重点,这与天津滨海新区不同,后者仍然强调"政府及其派出机构与所属企业逐步推行政企分开",这无疑是与市场经济发育程度相关的。另外,相比浦东新区和滨海新区而言,深圳市的改革思路在促进中小企业发展上的着力更多,这无疑与深圳市民营经

---

[①] 国家发展和改革委员会:《国家发改委关于印发〈深圳综合配套改革总体方案〉的通知》,引自钟坚、郭茂佳、钟若愚主编:《中国经济特区文献资料》(第一辑),社会科学文献出版社2010年版,第311~322页。

济的活跃有关，在深圳1000多家国家和省级高新技术企业中，60%是民营科技企业，其中不乏华为、中兴、腾讯等本土成长起来的知名企业，而后者发展更多依赖于吸引成熟的国企与外资进驻。这种差异使深圳市的改革思路在某种意义上看具有了更多的可推广性，因为并非所有地区都能够获得国家重大项目支持或吸引大型外资企业进驻，更多的地区仍然依赖于本土企业的成长和发展。当然，由于深圳拥有毗邻香港、交通便利的先天优势，以及先行改革、具有较强经济实力的后天优势，使深圳市的改革思路成为可参考借鉴但不可机械模仿的思路。

## 二、专题性配套试验区的改革思路

### （一）以统筹城乡配套改革为核心的改革思路

城乡二元经济结构一直是我国经济发展中的重要问题，尽管经过近三十年的经济体制改革和高速经济增长，城乡二元经济结构现象依然没能从根本上得到改变，城乡差距不仅没有缩小，反而有一定程度扩大；与此同时，由于东部沿海地区利用区位优势在改革开放中先行一步，使西部地区与东部地区发展差距不断扩大，而这也是影响中国经济和社会发展的全局性问题。为探索如何更好地解决"三农"问题，构建和谐社会，并且加快推进西部大开发战略，国家发改委于2007年6月7日正式发文批准重庆市和成都市成为全国统筹城乡综合配套改革试验区，希望重庆和成都两市"根据统筹城乡综合配套改革试验的要求，全面推进各个领域的体制改革，并在重点领域和关键环节率先突破，大胆创新，尽快形成统筹城乡发展的机制体制，促进两市城乡经济社会协调发展，也为推动全国深化改革，实现科学发展与和谐发展，发挥示范和带动作用"。[①] 关于重庆和成都两市统筹城乡配套改革的思路，可以《重庆市统筹城乡综合配套改革试验总体方案》为例视之。

---

① 国家发展和改革委员会：《国家发展改革委关于批准重庆市和成都市设立全国统筹城乡综合配套改革试验区的通知》，见国家发改委网站，http://www.sdpc.gov.cn/。

1. 综合配套改革的总体目标

重庆市的构想是：(1)"构建以工促农、以城带乡、城乡差距不断缩小的长效机制"；(2)"着力探索富有西部特色的工业化、城镇化和农业现代化模式，推进自主创新，构建大城市带动大农村、促进城乡经济社会逐步一体化的良性机制"；(3)"着力推进三峡库区移民安稳致富和生态环境保护，构建资源节约、环境友好、发展持续、社会和谐的科学发展新机制，全面加强经济、政治、文化、社会建设，加快把重庆建设成为西部地区的重要增长极、长江上游地区的经济中心和城乡统筹发展的直辖市"。

2. 改革主线与措施

重庆市的构想是围绕推进城乡经济社会协调发展、推进城乡劳务经济健康发展和推进土地流转和集约利用这三条主线展开改革，并着力改善市场经济环境，探索内陆开放性经济发展模式。具体如下：

推进城乡经济社会协调发展，基本思路是：(1)通过统筹城乡主体功能规划，"建立产业合理布局与有序发展的导向机制"；(2)通过财政性资金逐步由竞争性领域退出，以及加大对"三农"和就业、社会保障等公共服务方面的投入，以"建立政府财力向公共服务特别是农村基本公共服务倾斜的投入机制"，并"构建城乡统筹公共财政框架"；(3)通过产业布局调整、土地开发整理项目和资金向农村地区倾斜以及建立区域横向转移支付机制等方式，"构建区域对口帮扶、互动发展机制，建立和完善'一圈'① 在产业布局和社会事业发展、扶贫开发等方面帮扶'两翼'的合作方式"；(4)通过调整政府机构，使政府管理和服务覆盖至农村工作，以"构建统筹城乡行政管理体系"。

推进城乡劳务经济健康发展，基本思路是：(1)通过加大对农村劳动力就业创业培训投入、逐步将农村新生劳动力纳入系统化职业教育培训体系等方式，"建立提升劳动力素质和引导其就业创业的新机制"；(2)通过加大对农村社会保障体系的财政投入、设立城乡最低生活保障标准联动调整机制、实现城乡居民医疗保险接轨等方式，"建立覆盖城乡、有序转

---

① 一圈是指以重庆主城区为核心，若干大、中、小城市形成的1小时经济圈，两翼是指以万州和黔江为中心的渝东北和渝东南城市群。

接的社会保障新机制";(3)通过增强县城和中心城镇基础设施及公共服务投入提高县城和中小城市容纳能力,并配合降低小城镇落户条件等手段,引导人口随就业在各级城镇合理、有序流动;(4)通过建立农民工工资支付保障制度、保障农民工子女在城镇接受义务教育等方式,保障和维护农民工合法权益。

推进土地流转和集约使用,基本思路是:(1)通过健全城乡建设用地置换和跨区域耕地补占平衡市场化机制、建立征地补偿安置标准适时增长机制及与社会保障制度的联动机制等方式,探索农村土地流转和征地补偿新机制,促进农村人口有序向城镇转移,提高土地利用效率;(2)通过规范开展农村土地交易所土地实物交易和指标交易试验,积极开展村镇银行、贷款公司、农村资金互助社等新型农村金融机构试点以及建立农业农村保险与再保险体系等方式,建立农村土地流转和现代农业服务体系;(3)通过健全农村生产生活服务体系、推进城镇公共设施网络和服务向乡村延伸、完善农村流通体系等方式,完善农村综合服务体系,加强农村生态环境建设;(4)建立以竞争方式安排乡村产业及建设类财政资金的制度,引导鼓励农民相对集中居住,落实集约节约用地制度。

除上述三条主线之外,重庆市的改革构思中还包括改善市场经济环境和探索内陆开放性经济发展模式这两项,其基本思路不外乎审批制度改革、产业政策调整、建全市场体系等举措,这些思路亦是沿海地区改革的基本思路,故不重复叙述。另外,成都市的统筹城乡配套改革思路与此相类似,因而不在此赘述。

从总体上看,以重庆市为代表的统筹城乡综合配套改革构想试图通过三方面努力来解决城乡二元结构问题:其一,在基础设施、公共服务及社会保障等方面力求实现城乡均等化;其二,通过经济发展、制度改进等方式增强城市对农村劳动力的吸引力和吸纳能力,使农村人口向城镇转移;其三,通过土地流转实现土地集约化使用,以推进现代农业发展以及环境保护。这种思路已经在一定程度上超越纯粹经济体制改革的范畴,其实施的关键点在于城镇的产业结构、经济发展水平能够带来足够的吸引力和吸纳能力,并且其所贡献的财政收入能够支持基础设施、公共服务及社会保障城乡均等化的财政开支,从而持续地消除城乡二元现象;如果这一条件在很长时间内得不到满足,那么城乡二元结构问题就没有真正的解决,甚至可能导致地方政府债务危机。另外,土地流转涉及土地用途是否可改变、土地升值收益分享等一系列问题。很显然,如果土地只是经营权流转,则土地流转对于使用权人的利益增进有限;而如果不能够有效保护农民对土地升值收益的分享,则有可能导致农民"被进城"和农民福利水平降低。对于前者,重庆市和成都市制定了《成渝经济区区域规划》,力图打破行政区划藩篱,避免区内恶性竞争与封锁,实现资源优化共享以及协同与错位发展,以促进地区经济发展;在沿海地区制造业向内地转移的大背景下,可以预期成渝两地的经济将进入快速增长的阶段,而经济的快速增长又将促进城乡二元结构问题的解决。对于后者,或许还需要中央政府给予更多的试错权,让成渝两市大胆探索,同时也要在农民权益保护上采取更为切实的措施。

### (二) 以建设两型社会为核心的综合配套改革思路

两型社会是资源节约型和环境友好型社会的简称。其中,资源节约型社会的基本含义是:建立于资源节约和可持续发展基础上的社会,其要求通过技术进步和经济、法律及行政等综合措施,不断提高资源利用效率,减少资源消耗和环境破坏。环境友好型社会的基本含义是:建立于人类生产和消费活动与自然生态系统相协调可持续发展基础上的社会。鉴于我国此前粗放型经济增长方式带来巨大的资源浪费和环境污染以及这种经济增长方式的不可持续性,为落实以人为本,全面、协调、可持续发展的科学发展观,中共中央于 2005 年召开的十六届五中全会上正式提出建立资源节约型和环境友好型社会的目标。2007 年 12 月 14 日,国家发改委批准武汉城市圈和长株潭城市群成为全国资源节约型和环境友好型建设综合配套改革试验区,希望两地"根据资源节约型和环境保护型社会建设的要求","在重点领域和关键环节率先突破大胆创新,尽快形成有利于能源资源节约和生态环境保护的机制体制,加快转变经济发展方式,推进经济又好又快发展,促进经济社会发展与人口资源环境相协调"。[①] 关于武汉城市圈

---

① 国家发展和改革委员会:《国家发展改革委关于批准武汉城市圈和长株潭城市群为全国资源节约型和环境友好型社会建设综合配套改革试验区的通知》,见国家发改委网站,http://www.ndrc.gov.cn/。

和长株潭城市群两型社会建设综合配套改革的思路,可以《武汉城市圈资源节约型和环境友好型社会建设综合配套改革试验总体方案》为例视之。

1. 改革的总体目标

武汉城市圈的构想是:"到 2012 年,初步构建资源节约和环境友好的制度保障体系,初步建立比较完善的社会主义市场经济体制,形成比较健全的市场体系、自主创新体系、社会保障体系,市场化程度不断提高,基本经济制度不断完善,政府公共服务职能不断加强,初步形成'五个一体化'格局"。"到 2020 年,率先建立比较完善的落实科学发展观与构建和谐社会的体制机制。市场体系比较完善,市场配置资源的基础性作用得到充分发挥;科技创新体系比较健全,自主创新能力显著提高,科技进步对经济增长的贡献率大幅上升;覆盖城乡居民的社会保障体系和公共服务体系比较完善。基本形成节约资源和保护环境的产业结构、增长方式、消费模式,基本实现人口资源环境与经济社会协调发展,单位地区生产总值能耗、主要污染物排放指标进入全国先进行列,构建良好的自然生态、高效的经济生态、文明的社会生态"。

2. 改革重点及其举措

武汉城市圈的构想是从转变经济发展方式、构建促进资源节约和环境友好的机制体制以及推进城乡协调发展三条主线出发展开改革。具体措施如下。

(1) 转变经济发展方式,增强区域综合实力和可持续发展能力。基本思路是通过探索建立企业和项目在圈域内转移的利益协调和补偿机制、探索建立圈域内科技创新协调机制、完善企业技术创新激励机制以及综合运用经济法律行政手段淘汰落后产能和技术等方式,实现圈域内产业结构优化升级,并且形成圈域内产业发展的互动合作。

(2) 着力推进综合性制度创新,构建促进资源节约和环境友好的体制机制。基本思路包括以提高节能环保市场准入门槛为核心建立健全新项目准入机制和落后产能退出机制、完善资源有偿使用制度并推进资源要素价格改革、探索建立主要污染物排放总量初始权有偿分配和排放权交易等制度以及加快建立生态环境评估体系等方式,创新资源节约和环境保护的机制体制。

(3) 着力推进城乡协调发展，走新型工业化、城市化发展道路。基本思路是通过建立城乡一体化的公共服务体系，构建城乡基础设施共建共享投融资平台，建立健全流转中土地收益分配机制，以即征即保和应保尽保为目标建立被征地农民社会保障体系以及开展留地安置、集体建设用地使用权入股和土地股份合作等多种征地安置模式试点，创新统筹城乡发展和节约集约用地的体制机制。

除此之外，武汉城市圈的改革构想中还包括在财税金融体制、对内对外开放体制和行政管理体制上进行创新，其基本思路不外乎理顺省以下政府间财政分配关系，推动金融市场发展，推进政企分开、政资分开、政府与市场中介组织分开等手段，故而不再赘述。

从总体上看，以武汉城市圈为代表的两型社会建设综合配套改革思路，其核心逻辑可以归纳为：以制度改革的方式提高资源利用和环境污染的价格或相对价格，并辅之以相应的激励约束措施，促使圈域内产业结构优化升级；同时通过统筹城乡发展、财税金融以及行政管理体制等方面的改革，使圈域内城市走上经济社会发展与人口资源环境相协调的可持续发展道路。在东部沿海地区经营成本上涨、制造业大批向内地转移的大背景下，对资源节约和环境保护予以高度重视并在制度安排上予以保障，无疑是一个具有前瞻性的改革与发展构想，避免走先污染后治理和在低端制造业上重复循环的老路，是武汉城市圈和长株潭城市群这类拥有较为齐全工业门类及良好教育科研实力地区重新在经济上崛起的最佳选择。然而所需注意的是，仅依靠一圈一地要素禀赋、产业基础出发设计改革与发展策略是不够的，当东部沿海地区经营成本上升时，其在资源利用、环境保护以及产业结构上也在进行相同的改进，而且利用其在经济体制改革上先行一步的优势，东部沿海地区仍然具有很强的竞争力。因此，武汉城市圈和长株潭城市群乃至中部地区要实现改革和发展的目标，不仅需要自身努力以在某些领域形成比较优势甚至绝对优势，同时也需要中央政府予以一定的特殊政策扶持以缩小中部地区和东部沿海发达地区的差距。

### （三）其他的专题性综合配套改革思路

除重庆市、成都市、武汉城市圈和长株潭城市群之外，国务院和国家发改委在 2010 年初至 2011 年底又设立了四个专题性综合配套改革试验区，它们分别是：（1）沈阳经济区，获批成为国家新型工业化综合配套改革试验区，2010 年 4 月获批；（2）山西省，获批成为国家资源经济转型发展综合配套改革试验区，2010 年 11 月获批；（3）义乌市，获批成为国际贸易综合改革试点（试验区），2011 年 3 月获批。（4）厦门市，获批成为深化两岸交流合作综合配套改革试验区，2011 年 12 月获批。

在上述四个国家综合配套改革试验区中，由于厦门市的改革构想着力于海峡两岸经贸交流合作，其属于特区外部横向经济体制改革，这与本章主题相去较远，故不在此介绍。在剩下的三个综合配套改革试点/试验区中，沈阳经济区是以沈阳为中心，涵盖沈阳、鞍山、抚顺、本溪、营口、阜新、辽阳和铁岭 8 个城市所构成的城市群，其改革以实现新型工业化为主旨；而山西省则是以全省辖区为整体成为国家综合配套改革试验区，其改革主旨是实现资源经济转型；义乌市则是基于其作为小商品交易集散地的优势，探索各项推进国际贸易发展的改革，需要指出的是，义乌市是以县级市的身份进入国家综合配套改革试验区行列的。

从《沈阳经济区新型工业化综合配套改革试验总体方案》来看，沈阳经济区的综合配套改革构想框架与武汉城市圈的改革构想极为相似，其基本框架也是通过体制改革，推动区域经济一体化、促进产业升级、实现两型社会建设、推进统筹城乡改革，同时在公共服务、财税金融、行政管理和对外开放等方面进行体制改革。这种相似性在某种程度上反映了沈阳经济区与武汉城市圈所面临的问题和初始禀赋的相似性——都是传统工业基地、都是由一个中心城市和数个次级城市所构成的城市圈、同样面临着传统产业向现代产业升级问题、同样面临资源节约和环境保护问题。

关于山西省的综合配套改革思路，从《山西省国家资源型经济转型综合配套改革试验总体方案》来看，其改革构想基本框架是：（1）通过体制创新，促进产业结构优化，使经济增长方式向主要依靠科技进步、劳动者素质提高以及管理创新转变；（2）建立健全资源要素价格形成机制和要素市场体系，推进产权多元化、竞争公平化和现代企业制度建设；（3）构建资源节约和环境有好的体制机制，推动循环经济发展；（4）构建统筹城乡发展机制，加快社会主义新农村建设。①② 由于山西省是在全省范围进行综合配套改革试验，在分配改革重点以及落实改革方案时，需要考虑到更多的部门和地区，其协调难度远大于武汉城市圈、长株潭城市群和沈阳经济区。为此，山西省成立了山西省国家资源型经济转型综合配套改革试验区工作领导组办公室对全省综合配套改革方案及落实进行领导，省内各部门各地区单独上报转型综合改革试验行动方案以及标杆项目，并交省转型综合改革办公室审议批准。这种分配任务的方式实质上也为体制完善期中央政府选择国家综合配套改革试验区所采用。

尽管沈阳经济区和山西省的综合配套改革思路分别强调要突出在新型工业化和资源经济转型上的色彩，但是从总体上看，其独特性并不十分突出。事实上，作为在经济体制改革中后走一步的地区，其所面临的绝大部分问题是相似的，如政府行政和国有企业效率有待提高、政府干预过多、市场发育不完善等，这使其所构建的改革思路和所设计的改革方案不得不呈现出很大的共性特征。

从《浙江省义乌市国际贸易综合改革试点总体方案》来看，义乌市的主要改革重点包括：（1）探索建立新型贸易方式，针对小商品交易的特征，探索"市场采购"等新型贸易方式，并以此探索海关、检验检疫、税务、外汇、工商等监管办法；（2）探索现代流通方式，包括物联网、互联网示范区等；（3）进一步开拓国际市场，如创新展贸联动发展机制、推动服务贸易发展等；（4）推动内外贸易一体化发展，如强化政府在市场准入、标准设定、信息引导等的公共职能，协调内外贸易监管体制和工作机制，以及健全社会信用体系等；（5）通过建立贸易预警体系、健全贸易摩擦应对机制等方式，提升应对国际贸易摩擦和壁垒的能力。

### 三、体制完善期多样化的综合配套改革思想的评价

纵观体制完善期各国家综合配套改革试验区的改革思路，并且将其与

---

① 国家发展和改革委员会：《国家发展改革委关于设立山西省国家资源型经济转型综合配套改革试验区的通知》，见国家发改委网站，http：//www. ndrc. gov. cn/。
② 国家发展和改革委员会：《国家发展改革委关于印发山西省国家资源型经济转型综合配套改革试验总体方案的通知》，http：//www. ndrc. gov. cn/。

前一阶段经济特区改革思路相比较，可以归纳出以下三点特征：

其一，更加重视改革的全面性。所谓综合配套改革，是指将经济体制改革和社会其他方面的改革结合在一起进行改革。在上一阶段经济特区的改革构想中，改革的重点仍然是纯经济性的，即主要在企业制度改革、市场体系与制度建设以及政府经济管理职能约束三方面进行改革，对于其他方面改革较少涉及。而本阶段国家综合配套改革试验区的改革构想，则试图将改革领域拓展至政府公共服务职能建设、资源环境保护体制构建、城乡一体化发展机制建立等方面，并且希望将经济体制方面的改革与经济发展方式转变结合起来，而不再仅仅是通过经济体制改革吸引更多资本流入以推动本地区经济增长。这与中央政府所提的以人为本的科学发展观是密不可分的，同时也反映了市场化改革的必然走向。

其二，更加关注政府公共服务职能建设。在转轨中后期乃至转轨前中期经济特区的改革思路中，对于政府职能的关注主要是在如何塑造和约束政府经济管理职能上；而且在改革重点的排序中，关于政府职能的改革构想往往排在国有企业和国有资产经营管理体制改革之后。在本阶段，各综合配套改革试验区的改革思路中，对政府职能的关注不仅包括如何重塑和约束政府经济管理职能，更强调了政府在公共服务、社会保障以及资源环境保护等领域的职能；并且从改革重点的排序看，三个全面型综合配套改革试验区中，即有两个试验区将构建公共服务型政府放在改革方案的首位，而七个专题型综合配套改革试验区亦都将政府公共服务职能建设列为改革的重点。

其三，更加关注改革的自主性。在转轨中后期，以深圳市为代表的经济特区提出了"二次创业"的口号，提出将改革模式由"外源式"的特殊政策驱动变为"内源性"的自主改革驱动。在本阶段，这种自主改革驱动的取向表现得更为显著——各个国家综合配套改革试验区都是由地方政府向中央政府申请，获得批准后设立；综合配套改革方案的框架和构思皆是由国家综合配套改革试验区根据中央政府改革方向和自身发展特征所制定，而非由中央政府先行给定政策框架甚至具体特殊政策，特区政府依据相关政策再行细化改革。这使本阶段国家综合配套改革试验区的改革更多地呈现为"内源性"的自主改革。

除上述三点特征之外，在改革思路的技术细节上，本阶段国家综合配套改革试验区的改革构思也更加注重市场制度环境方面的建设，如提出降低中小企业准入门槛、推动中介组织独立发展等，并且还提出建立排污权交易市场这类以市场化运作解决环境污染问题的构想。这一特征与此前三点特征都表明地方政府在如何推进市场化改革上有了更为成熟的思考。

需要指出的是，任何改革构想作为人类思维的产物，都不可避免地由于人类理性的有限性而带有潜在的缺陷；由于受到同样的理性有限性约束，人们在这些改革构想付诸实施之前或正在实施时，是难以发现改革构想中的潜在缺陷的，只有在方案实施后方能察觉问题所在。如同转轨前中期深圳经济特区成立之初，人们并没有预计到政府各部门都办企业的乱象。对于体制完善期的综合配套改革思想，这种局限性仍然是存在的，而这些局限性在改革实践中进一步表现为诸多不合意的现象。这些现象的出现表明特区政府在内部经济体制改革政策思想上还存在一定局限，如缺乏对政府自身行为进行监督和约束。

另外，随着分割市场的不断整合、要素流动自由程度加大，地区间的竞争也不断加大，各国家综合配套改革试验区也不例外。从各国家综合配套改革试验区改革思路来看，其都强调以制度变迁的方式推动产业升级、实行金融创新等，这种改革构想的趋同一方面反映了各特区所面临问题的共性，但另一方面亦带来一种隐忧，即会导致地区间竞争同质化——跨区域间经济发展同质化而不是错位发展，同时也使那些市场经济体制改革中后行一步的地区错失形成比较优势甚至绝对优势的机会。而竞争同质化与发展机遇的错失，又会使这些地区的经济体制改革滞后，从而形成马太效应。近年来东北地区发展上所遇到的阻力，在某种意义上也反映了改革思路上的局限性——过度关注共性问题，而没有注重本地情况，并且根据本地情况来有针对性的进行改革。

此外，如何激发中西部地区的国家综合配套改革试验区的改革自觉性仍然是一个不容忽视的问题，尽管从总体上看，各国家综合配套改革试验区政府的改革自觉性高于以前。由于中西部地区在发展水平上与东部沿海地区存在一定差距，为推动这些地区的改革与发展，中央政府对这些地区实施一定程度的倾斜政策，包括税收优惠和国家项目落户；从经济学角度来看，这种倾斜性政策固然有利于推动地区经济增长，但同时也会对地方政府造成逆向激励——地方政府无须通过制度改进即可获得经济增长，从而不愿意为改革做更多投资。山西省发改委在对省内各县市和部门上报的转型综改行动方案进行审核后的批评或许在一定程度上反映了这种逆向激励问题的存在，其指出："从上报的各县市和部门行动方案看，还存在一些共性问题……经济社会发展规划内容多，综合配套改革内容不足，有的基本上没涉及体制机制创新内容……涉及国家层面的政策诉求较多……向上伸手的内容较多，自我改革意识不强"。① 因此，有必要更为细致地设计相关的倾斜性政策，避免倾斜性政策带来的逆向激励，使倾斜性政策更多地成为持续改革启动时的催化剂。

## 第四节 全面深化改革期特区内部经济体制改革思想简介（2012年至今）

由于全面深化改革尚在进行过程中，许多改革政策与实践尚未形成足够的沉淀，因此很难对其做出判断和评价。另外，与转轨前中期和转轨中后期中央政府对特区显著相异的策略不同，从体制完善期到全面深化改革期，中央政府延续了其对特区的政策，甚至提出了进一步强化特区的构想和举措，例如2017年4月中共中央和国务院提出设立雄安新区，探索人口经济密集地区优化开发新模式、优化京津冀城市群布局和空间结构、培育创新驱动发展新引擎。

在这种外部约束条件下，从总体上看，全面深化改革期特区政府的内部经济体制改革政策思想基本上是前一阶段改革政策思想的自然延伸和拓展。例如，深圳市提出通过进一步理顺政府和市场的关系、深化财税投融资体制改革、推进社会投资建设项目审批制度改革，以及加大国有企业改

---

① 山西省发改委：《全省转型综改试验行动方案和标杆项目协调推进会在并召开》，山西省发改委网站：http://www.sxdrc.gov.cn/。

革重组力度等途径继续深化经济体制改革,并且推进社会领域改革和行政管理体制改革,进而全面推进综合配套改革。① 其他综合配套改革试验区政府的内部经济体制改革政策思想也大都延续了此前思路,或是将此前构想具体化,如山西省进一步提出《山西省国家资源转型综合配套改革试验实施方案(2016~2020)》。

值得注意的是,尽管在总体上延续了此前的改革政策思想,但是如第二章所述,特区改革和发展出现了三个新动向,即:自由贸易试验区的快速扩张、《京津冀协同发展规划纲要》《长三角一体化发展纲要》及《粤港澳大湾区发展规划纲要》这三个区域一体化发展规划纲要的获批和实施,以及中共中央和国务院支持深圳市建设中国特色社会主义先行示范区。前两个新动向在一定程度上反映了特区内部经济体制改革外部约束的变化,而第三个新动向则直接涉及特区内部经济体制改革思路的新进展。从中央政府对深圳市的批复来看,在内部经济体制改革方面,深圳市将在产权制度完善、区域性国资国企综合改革、自由贸易试验区建设、政商关系建设和政府管理服务、竞争审查和监管制度完善以及社会保障体系建设上着力,力争成为中国特色社会主义的先行示范区。②

由于许多改革成效尚未显现或稳定,故而难以对全面深化改革期特区内部经济体制改革政策思想进行评价。然而关于政策思想的延续性和新动向,可以做如下理解:其一,改革政策思想的延续性不仅反映了改革内容的延续性——不断对社会主义市场经济体制进行完善,也反映了前一阶段改革政策思想的预见性——改革政策思想不再因为改革内容或环境的剧烈转变而发生变化,而是真正成为推进经济体制改革的指导性思路。其二,改革政策思想的新动向不仅反映了特区政府改革思路与中央政府改革与发展目标的内在一致性,同时也反映了对改革和发展未来走向的把握,即通过形成更大规模的市场来在一定程度上引导特区内部经济体制改革。在地区竞争和政府职能定位视角下,全面深化改革期改革政策思想的新动向意味着特区政府要面对更为深刻的改革——地方政府必须在很大程度上摆脱

---

① 许勤:《2013年深圳市人民政府工作报告》,深圳政府在线门户网站:www.sz.gov.cn/cn/。
② 参见《中共中央、国务院关于支持深圳建设中国特色社会主义先行示范区的意见》,中华人民共和国中央人民政府网站,http://www.gov.cn/xinwen/2019-08/18/content_5422183.htm。

原来那种地区竞争主导者的身份,而是将自己转化为区域合作的主导者以及中央政府领导下全国经济体制改革的先行示范者,这种改革的难度和意义并不亚于在计划经济体制中建立市场经济体制基本框架。相信特区政府必然能够在中央政府的坚强领导下将内部经济体制改革向全面和深入的方向成功推进。

# 第四章

# 特区外部经济体制改革政策思想

在特区路径这种改革方式中,由特区政府在其辖区范围内所推动的各项改革无疑是最令人瞩目的。然而如此前分析所指出的那样,在中国这样经济空间布局呈现 M 型特征的结构中,以特区路径推进经济体制改革必然涉及特区外部的一系列改革,即特区外部纵向经济体制改革与横向经济体制改革。其中,特区外部纵向经济体制改革涉及改革权授予方式、特殊政策制定以至于特区区位选择,这从根本上决定了特区路径的实践方式和绩效。特区外部横向经济体制改革则涉及特区与非特区地区之间经济联系在制度层面的调整,如果把推进市场融合作为经济体制改革的目标之一,则对特区外部横向经济体制改革是特区路径下经济体制改革中不可或缺的一环。本章中,我们分别对特区外部纵向和横向经济体制改革政策思想进行回顾和分析。

与具有改革总体方向(从计划经济体制向市场经济体制)的特区内部经济体制改革不同,特区外部经济体制改革中的部分内容并无总体改革方向,例如特区外部纵向经济体制改革,其实际上是通过数次分权和集权来重塑中央政府与特区政府之间的关系,并没有单一的改革方向。这种改革内容上的特征反映到经济体制改革政策思想上意味着不能再按照特区内部经济体制改革政策思想的排序方式来进行叙述和分析。因此在本章里,笔者以两节的篇幅分别探讨特区外部纵向经济体制改革政策思想和特区外部横向经济体制改革政策思想,在每一节当中又按照专题—时间的顺序来进行叙述和分析。

## 第一节　特区外部纵向经济体制改革政策思想

### 一、两种改革权释放方式——发包分权思想与核准分权思想

获得改革授权是特区政府启动经济体制改革的前提条件,也是中央政府利用特区路径推进改革的基本要求。从经济体制改革历史来看,中央政

府在改革权的释放方式上有两种基本的思路,即发包分权和核准分权。其中,发包分权的思路主要体现于转轨前中期的改革中,而核准分权的思路则体现在体制完善期及此后的改革中。

## (一) 发包分权思想

发包分权是指中央政府在向特区政府释放改革权时,不对特区政府改革思路和方案作过多的事前审查和限制,而是赋予特区政府较大的自由裁量权,使特区政府在不违反中央政府政策和国家法律法规的前提下,自行选择改革思路和方案以进行改革试验。很显然,发包分权条件下的改革行动禁区边界模糊。在转轨前中期,发包分权是中央政府向经济特区政府释放改革授权时的主要思路。

从国家领导人关于经济特区建设的言论来看,这种发包分权的思路表现十分明显。以谷牧同志的表态为例,他指出:"特区体制要跳出现行体制之外……不能按那个老规矩办,这里请示,那里报告。省里的厅局、中央的部委,一个一个地签字、盖章,几十个图章盖完了,半年、一年过去了","深圳市委书记、市长梁湘,应当是中华人民共和国派驻深圳的'总督'。这个'总督'的意思就是总的方面他必须按照中央的方针、政策办事,对中央负责、对省委负责;纯属特区内的行政、经济事务,他有权决断;中央统一管理某些业务,在深圳之行中发生了问题,他可以协调,必要时他可以一面裁决执行,一面向中央报告,如果裁决失误由他负责就是了。不然的话,几十条线穿到深圳,深圳怎么能适应国际市场的频繁变化?"[1] 胡耀邦同志为经济特区的题词"新事新办、特事特办、立场不变、方法全新"[2] 也彰显了这一改革思路,其意同样是希望经济特区政府能够大胆突破既有框架约束而进行改革。发包分权的思路不仅体现于对经济特区改革的授权上,甚至体现在中央领导对浦东新区的改革上,如邓

---

[1] 谷牧:《要研究和学习深圳的经验》——在深圳"经济开发研讨会"上的讲话,引自钟坚、郭茂佳、钟若愚编:《中国经济特区文献资料》(第三辑),社会科学文献出版社2010年版,第119~128页。
[2] 同上。此语还有另一种表述,即"特事特办,新事新办,立场不变,方法全新",见陶一桃主编:《深圳经济特区年谱》,中国经济出版社2008年版,第43页。

小平同志指出:"改革开放胆子要大一些,敢于试验……深圳的重要经验就是敢闯。没有一点闯的精神,没有一点'冒'的精神……就走不出一条好路,走不出一条新路,就干不出新的事业"。①

中央政府的正式文件同样体现了发包分权的思路。1981年中共中央和国务院对《广东福建两省和经济特区工作会议纪要》的批示指出:"两省在对外经济活动中实行特殊政策、灵活措施和试办经济特区,是一项重大的改革,必然会遇到大量复杂的新情况,需要解决许多新的问题。在这种情况下,要把工作做好,必须具有敢于试验、敢于创新的革命精神,凡是符合党的路线、方针、政策,对两省和全国的经济调整和发展有利的事,都要大胆放手去干。"并且,"为了加强对两省及特区工作的指导,国务院各主管部门要深入了解情况……下达文件时,应考虑两省的特殊情况,按照中央两个文件精神区别对待,有些问题可以商定变通执行办法"。②1982年中共中央和国务院批转《当前试办经济特区工作中若干问题的纪要》,更为明确地提出:"特区要有更多的自主权",因为"特区的经济活动同国际市场联系密切,与外商交往频繁,涉及面宽,政策性强,许多问题需要及时处理",而"实践表明,沿用我国现行的经济管理体制,中央和省一级有关部门各管一段,层次多,效率低,很不适应",因此"必须逐步建立一套适应特区要求的经济管理体制"。对于新的经济管理体制,中央政府的构想是:(1)"四个经济特区的方针政策和总体发展规划,由国务院直接掌管。广东、福建要进一步加强对特区的具体领导,及时解决应由省内解决的问题";(2)"在特区内,属于中央统一管理的外事、公安、边防、税收、海关、银行、外汇、邮电、铁路、港口、民航等方面的业务,由国务院主管部门根据特区的实际情况,制定管理办法,报国务院核准后实施";(3)"各特区的党委和特区人民政府(管理委员会),对本特区内各方面的工作实行全面领导,对于不属于中央统一管理的工

---

① 邓小平:《在武昌、深圳、珠海、上海等地的谈话要点》,引自中共中央文献编辑委员会编《邓小平文选》,人民出版社1993年版,第370~383页。
② 中共中央、国务院:《中共中央、国务院批转〈广东、福建两省和经济特区工作会议纪要〉的通知》,引自钟坚、郭茂佳、钟若愚编:《中国经济特区文献资料》(第一辑),社会科学文献出版社2010年版,第63~75页。

作，可以根据党和国家有关政策法令的精神，结合自己的实际情况，灵活处置"。①

不难发现，中央政府认为：采取发包分权这种改革授权方式，可以赋予特区政府更多的自由度和改革激励，并且避免了因为信息交换成本过高导致改革时机的错失。当然，在发包分权的同时，中央政府依然保持着足够的控制力，例如经济特区的外事、公安、边防、税收等部门仍然归属中央政府相关部门所管理。同时，中央政府也通过召开经济特区工作会议和国务院经济特区办公室与经济特区政府进行及时沟通以掌控改革进程。

## （二）核准分权思想

核准分权是指中央政府在向特区政府授予改革权之前，对特区政府的改革思路和方案进行事前审查和限制；待认可批准后，中央政府再对特区政府进行改革授权，并严格监督特区政府改革的推进。很显然，核准分权条件下改革的行动禁区边界明确。在体制完善期和当前全面深化改革时期，核准分权是中央政府改革权释放方式的主要思路。

从国家综合配套改革试验区设立的基本流程来看，核准分权的思路十分明显。设立国家综合配套改革试验区的基本流程是：（1）地方政府向国务院或国家发改委申请成为国家综合配套改革试验区，并递交《综合配套改革试验框架方案》（以下简称《方案》）；（2）国务院或国家发改委对综合配套改革试验框架方案进行审核，并且批准框架方案审核通过的地区成为国家综合配套改革试验区；（3）国家综合配套改革试验区政府根据所递交的框架方案制订综合配套改革总体方案，递交国务院或国家发改委审核；（4）综合配套改革总体方案审核通过后，由国家综合配套改革试验区政府依据所申报的总体方案制订详尽的两/三年行动计划或分部门分地区的行动计划；（5）综合配套改革试验区政府根据行动计划展开改革，其上级政府会同相关部门监督行动计划的执行，并为相关改革创造必要的制度空间。

---

① 中共中央、国务院：《中共中央、国务院批转〈当前试办经济特区工作中若干问题的纪要〉的通知》，引自钟坚、郭茂佳、钟若愚编：《中国经济特区文献资料》（第一辑），社会科学文献出版社 2010 年版，第 89~96 页。

在中央政府对国家综合配套改革试验区政府的批示中也不难找到核准分权思想的证据。以国家发改委对深圳市综合配套改革总体方案的批示为例，其指出："请深圳市人民政府认真做好《方案》实施的组织工作，落实《方案》提出的各项任务……根据《方案》制订相应的专项改革方案，其中涉及的土地、金融、特区范围延伸等重要专项改革要另行按程序报批后实施……我委将与广东省人民政府密切合作，共同加强对深圳市综合配套改革的指导和协调推进工作，组织开展对《方案》实施的督促检查和评估，确保各项改革措施落到实处"。而深圳市所上报的《方案》也提出"综合配套改革的有关内容超出国家有关规定的，由深圳市人民政府依法定程序报请审批"。① 类似的表述在其他经批复的国家综合配套改革试验区改革方案中也不难发现，如天津滨海新区的总体方案中明确提出"综合配套改革试验内容超出国家有关规定的，由天津市人民政府依法定程序报请审批"②。而山西省从获批为国家综合配套改革试验区到总体方案获批之间近两年的时间间隔则提供了更鲜明的例证。

### （三）关于分权思想转换的解析

如前所述，中央政府在改革授权方式的选择上先后采取了两种思路，即发包分权思想和核准分权思想。一个自然而然的问题是，如何理解这种分权思想的转换？笔者认为可以有两种角度来理解分权思想的转换。

第一个角度从中央政府和特区政府关于目标制度安排的知识储备程度和政府面临的风险来进行理解。可以将发包分权视为一种不完全契约，该契约并没有对改革禁区作明确的界定，而最终解释权归于中央政府。由此产生两种可能结果：当特区政府是风险厌恶型决策者时，其会从规避风险角度出发选择较为保守的改革，从而改革无法实现突破；相反，当特区政府是风险爱好型决策者时，其会选择较为激进的改革，甚至是采取"先试

---

① 国家发展和改革委员会：《国家发展改革委关于印发〈深圳市综合配套改革总体方案〉的通知》，引自钟坚、郭茂佳、钟若愚编：《中国经济特区文献资料》（第一辑），社会科学文献出版社2010年版，第311~322页。
② 天津市人民政府：《天津市人民政府关于印发天津滨海新区综合配套改革试验总体方案的通知》，引自钟坚、郭茂佳、钟若愚编：《中国经济特区文献资料》（第一辑），社会科学文献出版社2010年版，第367~381页。

先行，事后追认"的态度，尽管改革得以快速突破，但同时也增大了中央政府的风险。与发包分权相反，核准分权通过事前充分沟通，降低签约双方的信息不对称，并对改革禁区作明确的界定。这对于中央政府而言，由于增加了特区政府行动的可预见性，因而改革风险降低。对于特区政府而言，因为所有改革事项均经过中央政府核准，即使出现意外也会由中央政府分担部分责任，所以风险同样降低。

在改革开放之初，中央政府尽管对于市场经济体制有了一定的认识，但是缺乏关于具体制度安排以及如何引入这些具体制度安排的知识。相反，地方政府由于空间上更接近实行市场经济体制的地区，如深圳毗邻香港，可以较低的成本获取关于市场经济体制中具体制度安排的知识，并且可以对制度移植过程中所出现的问题做出快速反应。因此在这种情况下，中央政府愿意以发包分权这种不完全契约的方式向特区政府分权，而特区政府也因此获得较大的改革自由度，可以实施突破性改革以最大化自身的目标函数满足程度。相反，在市场经济体制基本框架已经建立的条件下，尽管中央政府仍然缺乏关于具体制度安排的知识和如何建立起这些制度的知识，但是相关知识的不充分程度远远低于改革开放初期。相对应的，地方政府在知识上的相对优势随着市场经济体制的普遍铺开也逐渐降低。在这一条件下，不论是中央政府还是特区政府，都有动力采用核准分权这种风险更低的分权方式。

第二个角度从改革内容所涉及的改革主体范围出发来进行理解。在经济体制改革启动之初，在高度集中的计划经济体制下，中国经济结构呈现出鲜明的 M 型结构特征，每一个地区都自成一体。在这种情况下，改革的首要任务是对地区内的计划经济体制进行改革，通过引入市场经济体制中的某些制度安排，提升地区内的经济运行效率。即使统一市场尚未形成、价格依然存在扭曲，但是由于产出仍然处于低水平状态，因此统一市场和较小的价格扭曲都影响不大。在此条件下，通过发包分权的方式向特区政府释放改革权，无须中央政府再作过多的跨地区协调，就可以很好地满足特区政府推行特区内部经济体制改革的需要。基于节约沟通成本的考虑，此时中央政府和特区政府都愿意采取发包分权的改革授权方式。

而当全国范围内已经建立起社会主义市场经济体制的基本框架时，区域甚至是全国性的市场开始形成，但地方保护主义和地区分割仍然存在；跨地区的垄断国有企业集团也随着经济增长而壮大；地区性社会保障制度已经建立，但各自为政的局面则阻碍劳动力的自由流动。在这种情况下，特区政府如果试图解决这些深层次的问题，仅仅依靠其在辖区范围内推进改革是远远不够的，而需要特区外也进行相应的改革，但后者将超出特区政府的行政权力空间范围。为了解决这种跨区域的深层次问题，特区政府必然要依靠更高层次的行政权力介入改革，对跨地区不同改革主体的行为进行协调，从而使特区内部的改革得以推进。为此，特区政府必须在改革实施之前与中央政府就改革方案进行密切沟通，使中央政府和特区政府在改革开展之时能够相互协调、相互配合，进而将改革向前推进。

应该说，上述两种角度都对改革权授予方式思想的转换提出了合理的解释。至于哪一种解释更具合理性则是一个难于回答的问题。从改革实践的推进来看，随着顶层设计的重要性越发的凸显，从第二种角度出发的理解或许更为合理，因为事前核准和顶层设计是一致的。然而从第一种角度出发的理解依然重要，因为它直接反映了改革开放之初国家领导人的构思，如邓小平同志所说的"不争论，是为了争取时间干。一争论就复杂了，把时间都争掉了，什么也干不成。不争论，大胆地试，大胆地闯"。[①]

## 二、特殊政策内涵的演变

特殊政策是指中央政府专为特区政府设定的具有独占性质的政策组合，这是特区与非特区相区别的实质性标志，也是特区路径成立的基本条件。在特区路径下经济体制改革实践中，特殊政策的内涵并不是一成不变的，而特殊政策内涵的变化在某种程度上反映了中央政府经济体制改革思路的变换。

---

① 邓小平：《在武昌、深圳、珠海、上海等地的谈话要点》，引自中共中央文献编辑委员会编《邓小平文选》，人民出版社1993年版，第370~383页。

## （一） 从优惠政策加改革权向以改革权为主的过渡

在转轨前中期经济特区设立之前，中央政府就确立了以特殊政策而非国家直接投资的方式推动经济特区以及广东、福建两省发展的思路，如邓小平同志所言："中央没有钱，可以给些政策，你们自己去搞，杀出一条血路来"。相对于此前计划经济体制下以中央政府倾斜性投资推动地区经济发展的传统思路而言，这种以特殊政策和灵活措施推动地区经济发展的思路无疑是向市场经济体制跨进了一步。

在转轨前中期，经济特区所享有的特殊政策中，除了以发包形式释放的改革授权之外，还享有一系列财税优惠政策和外贸优惠，大体可以归纳如表4-1所示。而以发包形式释放的改革授权则主要是允许经济特区政府根据发展外向型经济和经济活动以市场调节为主的方针，对企业经营制度、政府经济管理职能、市场体系建设等方面进行相应的改革。

表4-1　转轨前中期经济特区所享有的财税外贸等优惠政策

| 优惠领域 | 主要内容 |
| --- | --- |
| 税收优惠 | 经济特区内企业按15%的税率缴纳所得税；特区内企业享受所得税免征期与减半征收期，等等 |
| 信贷优惠 | 经济特区实行多存多贷、差额包干，特区内所有信贷资金及存款全部留给特区；深圳经济特区实行信贷计划单列；特区内银行可以向区内外和国外银行拆借资金，等等 |
| 财政优惠 | 1980~1988年深圳、珠海两市财政收入无须上缴，全部留存本地使用；特区土地开发所得全部留存特区使用，等等 |
| 外贸/外汇优惠 | 经济特区进口自用、原材料等商品享受关税优惠；经济特区在国家计划内可以自行组织进口，并签发进口许可证；允许深圳建立保税仓，并试办保税生产资料市场；1989年之前特区外汇定基上缴，增收部分全部留给特区运用；1989年起特区一般贸易收汇实行按净创汇"倒二八"分成，① 可采取预拨留成外汇办法；特区对外经营企业可将留成外汇转为现汇，等等 |

---

① 国务院：《国务院关于调整经济特区和三个试点行业外汇留成比例的复函》，引自钟坚、郭茂佳、钟若愚主编：《中国经济特区文献资料》（第一辑），社会科学文献出版社2010年版，第188页。"倒二八"分成指20%上缴中央，80%本地留成。

续表

| 优惠领域 | 主要内容 |
| --- | --- |
| 经济管理权限 | 允许外资参与特区机场、海港、铁路、电信等领域建设经营；1988年以前轻工业3000万元、重工业5000万元以下项目由经济特区自行审批；1988年起投资总额3000万美元以下项目由特区自行审批；耕地1000亩、其他土地2000亩以下的国有土地使用权出让由特区人民政府审批，等等。此外，深圳市和厦门市自1988年起成为计划单列市，享有省一级经济管理权限 |

值得注意的是，财税和外贸方面的优惠在经济特区所享受的特殊政策中占有很大的比重。而在转轨中后期，这种优惠政策比重较大的特殊政策逐渐引起人们的非议和批评，其中最著名的是胡鞍钢教授的批判，认为"公平竞争是现代市场经济制度的基本原则之一"，因而"必须要对中国经济特区的政策进行彻底的调整，坚决取消各种减免税和优惠政策"。① 而随着分税制改革的推行、改革开放的全面展开以及经济特区经济实力的增强，中央政府也在这一时期逐步取消特殊政策中的优惠政策，如李鹏同志在经济特区工作会议上所说的"具体的政策和办法，随着改革的深化和经济的发展，有所调整和完善，是正常的。特区初创时期，为了加快起步，形成较好的投资环境，国家给予一些优惠政策，是必要的。有些政策原来就有时限，比如特区新增财政收入留用的政策，时限到了，就要执行全国统一的分税制。有些政策，随着特区经济实力的增强和市场的扩大，按照建立社会主义市场经济体制的要求需要改变，而且特区已经具备了承受能力，比如今年开始停止实行的特区半税市场物资的政策。还有一些政策，按照国际惯例和税制改革的要求，进行了必要的调整，比如今年以来对关税减免政策的调整"。② 至朱镕基任国务院总理时，相关的优惠政策除特区内企业仍按15%缴纳企业所得税外，其余优惠政策基本取消殆尽。尽管从经济特区发展纵向上看，深圳市和厦门市仍然保留计划单列市身

---

① 胡鞍钢：《上海：为何老大变老九——不同税制对上海的影响》——胡鞍钢1994年在上海所做经济报告，引自陶一桃主编：《深圳经济特区年谱》，中国经济出版社1994年版，第222～223页。
② 李鹏：《努力把经济特区办得更好——在经济特区工作会议上的讲话》，引自中共中央文献研究室编：《十四大以来重要文献选编》（下），人民出版社1999年版，第1909～1917页。

份，并且享有地方立法权；但从同时期各主要城市发展横向上看，这两项政策的特殊性极为有限。

在体制完善期，除重庆市、成都市、武汉城市圈、长株潭城市群以及沈阳经济区等市场经济发展相对较为薄弱、传统体制遗留问题较多的国家综合配套改革试验区仍然保持一定程度的财税优惠政策（如中央政府对重庆市的财政转移支付）以外，对于浦东新区和深圳市这类地处沿海发达地区的国家综合配套改革试验区，中央政府的特殊政策主要是一系列制度改革的先试先行权，如国家发改委对深圳市综合配套改革总体方案所做的批复："请国务院有关部门按照职责分工，积极支持深圳市展开有关专项改革，先行先试一些重大的改革开放措施，深圳有条件、有基础、有能力做好的改革事项，要优先考虑放在深圳市先行先试"，"我委将与广东省人民政府密切合作，共同加强对深圳市综合配套改革的指导和协调推进工作"。而在实践中，中央政府除赋予国家综合配套改革试验区政府相应的改革授权外（这些改革授权相对于非国家综合配套改革试验区而言具有独占性，但对于国家综合配套改革试验区而言则是共有政策），还会对特区政府采取一些即使在国家综合配套改革试验区内也属独占性质的政策措施，如上海浦东新区展开综合配套改革试验后，中国人民银行在浦东设立上海总部以帮助浦东推进各项金融创新业务；而深圳市也获得国家发改委授权，可以在深圳市前海地区展开离岸人民币业务创新，包括可以试点跨境贷款、前海企业可以赴港发行人民币债券等。

通过上述回顾不难看出，特区路径下中央政府在如何设计特殊政策思路上的演变历程——从"独占性的改革授权+独占性财税优惠政策"到"取消财税优惠政策，改革授权普惠化"，再到"以独占性改革授权为主，财税优惠政策为辅"。对于最后一种思路，从改革实践来看，即使是中西部的国家综合配套改革试验区，中央政府的财税优惠政策也是辅助且有条件的，其必须用于与综合配套改革相关的项目上，如消除城乡二元结构、推动产业升级。

## （二）特殊政策内涵转变的解释

不论是独占性的改革授权，还是独占性财税优惠政策，只要其具有独占性质，就会通过影响要素收益率影响要素的跨区域流动，从而使更多的要素向特区集聚，从而推动特区经济以更快的速度增长；也就是说，从影响要素流向和干预市场的角度来看，独占性的改革授权和独占性财税优惠政策是等价的。那么，为何中央政府的特殊政策设计思路要从"独占性的改革授权＋独占性财税优惠政策"转变为"独占性改革授权为主，财税优惠政策为辅"呢？笔者认为有两种解释。

第一种解释从制度变迁收益滞后性与制度变迁投资约束出发。具体而言，利用独占性改革授权进行改革可以形成特区内外的制度落差并带来超额收益，然而从制度变迁开始到获得超额收益之前，特区政府将有一段时间处于制度变迁净收益为负的状态。当特区政府制度变迁投资约束偏紧的时候，改革净收益为负的状态不仅阻碍特区政府继续为改革投资，甚至可能导致特区政府不愿意启动改革。此时就需要中央政府以优惠政策来对处于改革净收益为负阶段的特区政府进行补贴，使特区政府的改革得以持续。在改革开放之初，经济特区都是传统计划经济体制下的边缘地区，自身经济发展水平低，如果没有中央政府以优惠政策加以扶持则改革将很难推进，因而中央政府制定特殊政策时的思路是"独占性改革授权＋独占性财税优惠政策"。相反，在经过三四十年快速发展之后，沿海地区的特区政府已经拥有足够的经济实力支付改革的成本，因此中央政府制定特殊政策时以"独占性改革授权为主，财税优惠政策为辅"。这可以解释为何中央政府对中西部地区的特区政府仍然辅之以一定的优惠政策。

第二种解释从地方政府之间竞争和改革行为偏离出发。中央政府应引导地方政府的竞争动机，使这种竞争动机带来趋好竞争的结果，如更好的基础设施和公共服务供给以及更快的经济增长。而中央政府引导竞争的一个前提是将不同地方政府置于合适的竞争层面中，使作为竞争参与者的地方政府所面临的是一个相对公平的竞争环境。在改革开放初期，经济特区内部和外部分别实行市场经济和计划经济两种截然不同的经济体制，特区政府和非特区地方政府并不在同一个竞争层面上。在这种条件下，中央政府按照"独占性改革授权＋独占性财税优惠政策"的思路制定特殊政策，并不会引起过多非特区地方政府出于追求竞争公平而引起的反对；与此同时，独占性财税优惠还可以增加特区政府改革边际收益，从而更好地激励特区政府进行各项改革探索。但是当建立市场经济体制的目标在全国范围确立后，继续在特区内外维系两种经济体制已无必要；当经济体制趋同时，其必然也要求特区政府和非特区地方政府之间的竞争重新回归同一层面。在这种条件下，仍然赋予特区政府独占性财税优惠，不仅会引起其他非特区地方政府出于追求竞争公平而引起的反对，还有可能强化优惠政策对特区政府改革的负向激励——既然无须通过改革即可拥有较强的财政支出能力，又何必冒风险去改革呢？基于这些考虑，中央政府制定特殊政策的思路自然发生转变。

笔者认为，上述两种解释都为特殊政策设计思路的转变提供了合乎逻辑的理解方式。特别是第二种视角的解释可以引出更深层次的思考，如在地方政府竞争日趋激烈的条件下，如何继续通过特区路径来推进改革？对这类问题的深入思考，其意义不言而喻。

### 三、特区区位选择思路的演变

不论是经济特区还是国家综合配套改革试验区，它们都作为地理空间上的实体而存在；特区的区位条件是其初始禀赋中的重要构成，它影响了特区的改革取向与速度，又通过特区的经济体制改革实践进一步影响整个中国的经济体制改革。中央政府作为特区区位选择的最终决定者，其对特区区位选择的思路也成为特区路径下纵向经济体制改革思想的必要构成。

#### （一）转轨前中期特区区位选择思想

在转轨前中期，经济特区全部位于广东福建两省沿海、经济落后但便于与体制外经济体展开经济交往的地区，[①] 如深圳毗邻香港、珠海毗邻澳门、厦门与金门隔海相望且与台湾具有传统上的交往史，而汕头则是著名的侨乡。这种选择结果固然与广东福建两省主政者以及招商局领导的改革

---

① 海南在1988年建省之前，称海南行政区，属广东省管辖。

构想有关，① 但在中央集权的单一制政体下，中央政府的意见具有决定性作用。这一时期，中央政府的特区区位选择思路主要基于两点考虑：经济体制改革风险与广东福建两省在对外开放上的优势。

关于经济体制改革风险，尽管中央政府可以通过设立经济特区，并通过将改革限制在特区范围内而降低经济体制改革的全局风险，但即使如此，对于中央政府而言，如何设立特区并在特区中展开经济体制改革依然是一个缺乏借鉴和参考的新课题。正如中央政府所言："试办经济特区，在经济上、意识形态上，有一个谁战胜谁的问题，而我们又缺乏经验，因此，必须采取积极、又慎重的方针"；② 又如邓小平同志所言："深圳经济特区是个试验……它是社会主义的新生事物。搞成功是我们的愿望，不成功是一个经验嘛"，③ 虽然"中国的对外开放政策是坚定不移的，但在开放过程中要小心谨慎"。④ 在这种思路的主导下，在计划经济体制薄弱、经济发展相对落后的边缘开办经济特区，其风险自然要远低于在那些计划经济体制下经济发达的地区开办经济特区的风险，而且此举所要引致的传统意识形态的反对声音也要小很多。

关于广东福建两省在对外开放上的优势，如邓小平同志所言："确定四个经济特区，主要是从地理条件考虑的。深圳毗邻香港，珠海靠近澳门，汕头是因为东南亚国家潮州人多，厦门是因为闽南人在国外经商的很多"。⑤ 事实上，早在1978年，充分利用深圳珠海毗邻港澳的优势实行率先开发开放就已经成为中央政府的思路——1978年4月，国家计委和外贸部组织港澳经济贸易考察组赴香港、澳门两地进行考察，考察组回京后向

---

① 如1979年初招商局常务副董事长袁庚向李先念同志提议在宝安县蛇口兴建船坞、码头和工业区，1979年4月，广东省委第一书记习仲勋同志在中央会议上提出希望中央在深圳、珠海、汕头划出一定地区成立"贸易合作区"实行单独管理，作为港资侨资和外资的投资场所等。参见陶一桃、鲁志国主编：《中国经济特区史论》，中央编译出版社2008年版。
② 中共中央、国务院：《中共中央、国务院关于〈广东、福建两省会议纪要〉的批示》，载于钟坚、郭茂佳、钟若愚编：《中国经济特区文献资料》（第一辑），社会科学文献出版社2010年版，第37~44页。
③ 邓小平：《改革开放是很大的试验》，引自中共中央文献编辑委员会编：《邓小平文选》第三卷，人民出版社1993年版，第130页。
④ 邓小平：《特区经济要从内向转到外向》，引自中共中央文献编辑委员会编：《邓小平文选》第三卷，人民出版社1993年版，第133页。
⑤ 邓小平：《视察上海时的谈话》，引自中共中央文献编辑委员会编：《邓小平文选》第三卷，人民出版社1993年版，第366~367页。

国务院提交的《港澳经济考察报告》中已经提出要把靠近香港的宝安和靠近澳门的珠海划为出口基地，争取三五年内建成具有相当水平的对外生产基地、加工基地和吸引港澳客人的游览区，而时任国务院副总理的谷牧同志对此表示赞赏，同年6月3日，中共中央和国务院主要领导人听取报告后对此表示同意。

根据上述两条思路，处于传统经济体制中边缘地带且先天具有对外开放优势的深圳、珠海、汕头、厦门和海南自然成为设立经济特区时的首要选项。

## （二）体制完善期及以后时期特区区位选择思想

在体制完善期，国家综合配套改革试验区的区位选择思路与此前明显不同：第一，选择中心城市或城市群及省作为特区，而非选择经济发展的边缘地区作为特区；第二，在东部沿海地区、中西部地区以及东北地区设立特区，而非只选择沿海地区设立特区。这种选择思路上的变化主要是基于以下两方面考虑：

推动区域协调发展，缩小中西部地区和东北地区与东部地区的发展差距。《中共中央关于制定"十一五"规划的建议》提出：要"形成合理的区域发展格局。继续推进西部大开发，振兴东北地区等老工业基地，促进中部地区崛起"，其中"西部地区要加快改革开放步伐，加强基础设施建设和生态环境保护，加快科技教育发展和人才开发，充分发挥资源优势，大力发展特色产业，增强自我发展能力。东北地区要加快产业结构调整和国有企业改革改组改造，发展现代农业，着力振兴装备制造业，促进资源枯竭型城市经济转型，在改革开放中实现振兴。中部地区要抓好粮食主产区建设，发展有比较优势的能源和制造业，加强基础设施建设，加快建立现代市场体系，在发挥承东启西和产业发展优势中崛起……"[1] 该思路在制定"十二五"规划时得到进一步强化。

以特大城市和大城市带动中小城市以及整个区域的发展。《中共中央

---

[1] 中国共产党第十六届中央委员会：《中共中央关于制定国民经济和社会发展第十一个五年规划的建议》，引自中共中央文献研究室：《十六大以来重要文献选编》（中），中央文献出版社2006年版，第1061~1086页。

关于制定"十一五"规划的建议》提出：要"坚持大中小城市和小城镇协调发展"，其中"有条件的区域，以特大城市和大城市为龙头，通过统筹规划，形成若干用地少、就业多、要素集聚能力强、人口分布合理的新城市群"，而"人口分散、资源条件较差的区域，重点发展现有城市、县城和有条件的建制镇"。① 而在制定十二五规划时，该思路进一步明确为"按照统筹规划、合理布局、完善功能、以大带小的原则，遵循城市发展客观规律，以大城市为依托，以中小城市为重点，逐步形成辐射作用大的城市群，促进大中小城市和小城镇协调发展"。②

根据上述两条思路，沿海地区、中西部地区以及东北地区的中心城市及其外围中小城市自然成为设立国家综合配套改革试验区时的首要选项。

全面深化改革时期，随着"一带一路"计划的推进，特区内外诸多自贸区的设立也实质上反映了类似的特区区位选择思路。值得注意的是，2017年4月成立的雄安新区在某种意义上反映了中央政府在特区区位选择思路上的新特点，即不再以既有城市为依托设立特区，而是在既有经济规模上近乎空白的地区另起炉灶建立特区。这一特区区位选择思路的创新性甚至高于当年对深圳和珠海的选址，因为对深圳和珠海的选址依然出于利用两地毗邻港澳的优势，而对雄安新区的选址则不仅于此，而更在于通过精巧的选址重塑区域经济发展格局、解决现代城市发展和区域发展所面临的难题。

### （三）特区区位选择思想的简析

不难发现，中央政府的特区区位选择思路历经了从"降低改革风险 + 发挥沿海地区开放优势"到"区域平衡发展 + 中心城市带动"的转变。很显然，这两种选择思路都内嵌了空间经济学中的扩散效应的思路。在转轨前中期，经济特区由于毗邻港澳台地区，不但在实体产业上易于承接外

---

① 中国共产党第十六届中央委员会：《中共中央关于制定国民经济和社会发展第十一个五年规划的建议》，引自中共中央文献研究室编：《十六大以来重要文献选编》（中），中央文献出版社2006年版，第1061～1086页。
② 中国共产党第十七届中央委员会：《中共中央关于制定国民经济和社会发展第十二个五年规划的建议》，引自中共中央文献研究室编：《十七大以来重要文献选编》（中），中央文献出版社2011年版，第972～1000页。

部产业升级所移出的产业,而且更易于通过制度知识的外溢效应对成熟市场经济体制中的制度安排进行模仿,从而使经济特区内经济体制实现改革;在体制完善期,中心城市同样通过产业升级转移和制度外溢带动周边中小城市和农村地区的经济发展和体制改革。另外,从制度变迁的角度来看,在转轨前中期,选择在计划经济体制的边缘地区设立经济特区,由于传统体制在这些地方影响较弱,其对经济体制改革所形成的阻力也较小,因而容易实现经济体制转轨。

不可否认的是,转轨前中期中央政府的特区区位选择思路中或多或少带有一定的理想主义色彩——尽管珠海毗邻澳门,但限于产业结构和经济总量,澳门对珠海的外溢效应显然远低于香港对深圳的外溢效应,而珠海在交通条件上的不足又进一步制约了珠海的发展;尽管汕头具有海外华侨多的优势,但粤东地区极为不便的交通条件却严重阻碍了汕头的发展;尽管厦门毗邻台湾且文化语言上都与台湾较为接近,但限于交通运输条件和厦门自身幅员限制,使长三角地区的上海、昆山、苏州等地成为台商投资的首选;而海南由于地理位置的限制,其经济总量只相当于东莞的53%,[1]后者由于地处广深之间、拥有良好的区位优势(位于广深铁路和广深高速公路沿线)而成为重要的电子、服装生产基地。无疑,忽略交通条件的约束是转轨前中期中央政府特区区位选择思路带有理想主义色彩的根源;较差的交通条件会在很大程度上抵消特区本身所具有的区位优势。从体制完善期在区域中心城市设立特区的思路来看,那种对交通条件约束的忽视似乎被避免,因为区域中心城市本身都是交通条件相对较好的地区,但思维上是否还存在其他遗漏,则需实践进一步观察。

## 四、省/直辖市政府对待特区的思路

除海南省、重庆市和山西省是省级特区外,其他经济特区和国家综合

---

[1] 2011年海南省GRP为2515.29亿元,东莞市GRP为4735.39亿元;1994年海南省GRP为331.98亿元,东莞市GRP为154.4亿元。数据来源:Wind资讯。

配套改革试验区在行政级别上皆低于省,因此对于大部分特区而言,省/直辖市政府是连接特区政府与中央政府之间的必不可少的纽带,尽管经济特区和国家综合配套改革试验区更多是作为国家经济体制改革战略的产物而存在。由于经济实践的存在,因此省/直辖市政府对待特区的思路也成为特区外部纵向经济体制改革政策思想的一个基本构成。

从总体上看,省/直辖市政府对待特区的基本思路是:将特区作为省/直辖市范围内的经济体制改革先行地,认为特区的经济体制改革会带动辖区范围内其他地区的经济体制改革,并且推动本省/市的经济发展,因此需要对辖区内经济特区/国家综合配套改革试验区的经济体制改革予以特别支持。

在转轨前中期,主政广东的任仲夷同志指出:"要积极办好深圳、珠海以及汕头经济特区,这几个特区应该比全省其他地方更特殊一些,更灵活一些,要先行一步为全省甚至全国提供经验",① 这一思路无疑与邓小平同志的思路是一致的,邓小平同志在接见广东福建两省负责人时指出:"特区不是仅仅指深圳、厦门、珠海、汕头那几个地方,而是指广东、福建两个省。单搞那一点地方不行,中央讲的是两个省,要实行特殊政策,灵活措施。你们要充分发挥这个有利条件,摸出规律,搞出个样子来"。② 实践中,广东福建两省在经济特区无地方立法权时,充分利用自身立法权为经济特区制定相应的法律法规,以使特区的经济体制改革成果能够以法律法规的形式确定下来,如广东省颁布《广东省经济特区企业劳动工资管理暂行规定》《深圳经济特区土地管理暂行规定》《广东省经济特区企业登记管理暂行规定》等十余部地方法规,将经济特区在劳动工资制度、土地管理制度等领域上的改革成果以法律形式固定。除此之外,广东省政府还通过提升深圳市行政级别来增强深圳经济特区政府的话语权,具体如表4-2所示。

---

①② 《追忆任仲夷:五年改革路,政绩惠南粤》,载于《羊城晚报》2005年11月16日,参见新浪网:http://news.sina.com.cn/。

表4-2　　　　　　　　　　深圳市行政级别变迁历程

| 时间 | 行政级别 |
| --- | --- |
| 1979年以前 | 未建市，属宝安县 |
| 1979年3月起 | 改宝安县为深圳市，受惠阳地区和广东省委领导 |
| 1979年11月起 | 成为地区一级市，直属广东省委领导 |
| 1980年8月起 | 成为经济特区 |
| 1980年10月起 | 享受与广州市同等待遇，地区级/副省级 |

在体制完善期，天津市人民政府在对滨海新区综合配套改革总体方案的批复中指出："推进滨海新区综合配套改革试验，是落实党中央、国务院推进滨海新区开发开放战略部署的重要措施，意义重大……用5~10年时间，在滨海新区率先基本建成完善的社会主义市场经济体制，不断提高滨海新区创新能力、服务能力和国际竞争力，在带动天津发展、推进京津冀和环渤海区域经济振兴、促进东中西互动和全国经济协调发展中发挥更大的作用，为全国发展改革提供经验和示范"。[①] 其他国家综合配套改革试验区所属的省/直辖市政府也作出了类似的批示，如湖北省人民政府在下发武汉城市圈综合配套改革总体方案时批示："各地、各部门……（要）推动武汉城市圈不断增强区域综合实力和可持续发展能力，带动全省经济社会又好又快发展，为全国深化体制改革、推动科学发展、促进社会和谐提供经验和示范"[②] 等。而在实践中，省/直辖市政府对辖区内国家综合配套改革试验区采取了倾斜性的优先支持，以上海市对浦东新区的支持为例，其提出"在坚持国家法制统一原则和本市地方性法规基本原则的前提下，市人民政府和浦东新区人民政府可以就浦东新区综合配套改革制定相关文件在浦东新区先行先试，并报市人民代表大会常务委

---

① 天津市人民政府：《天津市人民政府关于印发〈天津滨海新区综合配套改革试验总体方案〉的通知》，引自钟坚、郭茂佳、钟若愚主编：《中国经济特区文献资料》（第一辑），社会科学文献出版社2010年版，第367~381页。
② 湖北省人民政府：《省人民政府关于印发〈武汉城市圈资源节约型和环境友好型社会建设综合配套改革试验总体方案〉的通知》，见湖北省人民政府网站，http://www.hubei.gov.cn/。

员会备案",① 并赋予浦东新区更大的权限,包括投资项目审批、自主创新、定价权限等。

在这种优先支持特区改革的思路之外,还存在一种政策倾向,②即力图使辖区内各主要地区的经济发展和经济体制改革都保持大体上的平衡状态,因而不对辖区内特区做倾斜性优先支持。这一政策倾向主要体现于体制完善期广东省的治理思路上,以 2010~2012 年广东省人民政府工作报告为例,这三份省人民政府工作报告均生成于深圳市成为国家综合配套改革试验区之后。在这些文件中,完全没有提及国家综合配套改革试验区一事;与之相反,不论是推动区域中心城市发展,还是推动重要领域体制改革,其都将深圳市与其他城市相并列,以求平衡,如"推进广州、深圳建设区域金融中心和佛山建设广东金融高新技术服务区""深化行政管理体制改革……继续支持深圳、阳江和顺德区深化行政管理体制综合改革试点""强化广州国家中心城市、综合性门户城市、区域文化教育中心和深圳全国经济中心城市、国家创新型城市的作用"③ 以及"积极推进广州、深圳国家服务业综合改革试点"④ 等。这些迹象都表明,广东省政府试图淡化深圳的特区色彩,谋求省内主要城市在发展与改革上的平衡状态。

在经济体制改革存在风险约束的条件下,省/直辖市政府向下所能释放的改革授权以及相应的支持是一种稀缺资源,如果放权面和支持面过广则会导致改革风险剧增。因此,省/直辖市政府应当对改革边际产出最高的地区进行重点支持,通过推动这些地区的率先改革以启动整个改革进程,并利用制度知识的外溢效应带动整个辖区内的改革。

当省/直辖市政府所辖区域内只有一个改革边际产出最高的地区时,倾斜性地优先支持该地区改革将带来最大收益,纵观转轨前中期的经济特

---

① 上海市人民代表大会常务委员会:《关于促进和保障浦东新区综合配套改革试点工作的决定》,载于《解放日报》,2007 年 4 月 27 日第 2 版。
② 笔者将其称为一种政策倾向,是因为相关的政府文本并没有专门对此进行论述,但其决策思路却反映了这一点。
③ 黄华华:《政府工作报告——在广东省第十一届人民代表大会第三次会议上》,见广东省人民政府网站,http://www.gd.gov.cn/。
④ 朱小丹:《政府工作报告——在广东省第十一届人民代表大会第五次会议上》,见广东省人民政府网站,http://www.gd.gov.cn/。

区以及体制完善期时广东省以外的国家综合配套改革试验区（不含海南、重庆和山西），其在很大程度上是所属省/直辖市中改革潜力和动力最大而改革成功可能性最高的地区，如转轨前中期的深圳经济特区和体制完善期的浦东新区、滨海新区、武汉城市圈等，因而此时倾斜性地优先支持特区政府改革会更快地推动改革。

当省/直辖市政府所辖区域内具有众多改革边际产出高的地区时，如体制完善期时的广东省，其同时拥有两个区域中心城市（广州、深圳）、两个次级中心城市（东莞、佛山），而每一级别的城市在经济发展水平和制度背景上都相差无几，最优的思路自然是无差异地支持特区与非特区展开改革，因为不论是特区还是非特区，省政府的支持所带来的改革边际产出都是相近的。

另外，深圳市在广东省内所具有的独立性也是广东省政府采取平衡政策倾向的原因之一，深圳是当前广东省内唯一的计划单列市，即深圳市拥有和广东省相同的经济管理权限且无需向广东省缴纳财政收入，这使深圳在财政上具有较高的独立性；同时，深圳市主政官员由中央任命又进一步强化了其在行政上的独立性。两种独立性的叠加削弱了广东省政府支持深圳改革的正向激励，因此广东省政府在体制完善期更愿意采取无差异支持特区与非特区展开改革的政策倾向。

## 第二节 特区外部横向经济体制改革政策思想

不论是经济特区还是国家综合配套改革试验区，其改革总是伴随着对外和对内两个开放的产生和加深——前者是设立经济特区的最初动因，也是当前国家综合配套改革试验区改革的重要内容，后者则是市场经济体制取代计划经济体制和市场不断扩大整合的必然结果。因此，特区外部横向经济体制改革不可避免地成为特区路径下经济体制改革的重要内容，而其所对应的经济政策思想也成为我们的研究对象。

## 一、外引内联思想

外引内联是整个转轨期经济特区进行横向经济体制改革的核心思路。所谓外引,是指通过制度安排和经济政策的放开,增强特区与港澳台地区以及海外成熟发达市场经济体在资金、技术、设备、人才和管理方法等方面的合作;所谓内联,是指特区同内地企业之间展开资金、技术、人才、资源等方面的联合;而所谓外引内联,其要义是充分利用经济特区在对外开放上的优势,以经济特区为窗口,增强经济特区与国外成熟市场经济体和国内非特区地区在企业层面的联系。

### (一)经济特区成立初期的"内紧外松"思路

在转轨前中期经济特区成立初期,外引内联的主流思路是:按照类似于保税区的模式建设经济特区,经济特区实行"内紧外松"的管理模式。

关于"外松",1980年在广州召开的广东、福建两省会议提出:经济特区"主要是实行市场调节","经济特区主要是吸收侨资、外资进行建设",而"为了吸引侨商、外商投资",经济特区的"所得税、土地使用费和工资可略低于港澳"[①];同年,由国务院制定、全国人大常委会通过的《广东省经济特区条例》(以下简称《条例》)明确提出"为发展对外经济合作和技术交流……设置经济特区。特区鼓励外国公民、华侨、港澳同胞及其公司、企业,投资设厂或者与我方合资设厂,兴办企业和其他事业,并依法保护其资产、应得利润和其他合法权益"。《条例》明确了外商外资在经济特区内投资用地、设厂经营、劳动用工的权力,并规定了相应的税收优惠以及人员进出的便利措施。而1981年召开的广东、福建和经济特区工作会议又进一步放开外商投资经营领域,指出"特区的机场、海港、铁路、电讯等企事业,应允许特区引进外资,由特区自营或与外资

---

① 中共中央、国务院:《中共中央、国务院关于〈广东、福建两省会议纪要〉的批示》,引自钟坚、郭茂佳、钟若愚编:《中国经济特区文献资料》(第一辑),社会科学文献出版社2010年版,第37~44页。

合营,自负盈亏"。①

关于"内紧",1980年广东、福建两省会议提出:"经济特区海关,在管理上实行'内紧外松'的原则。特区所需的机器设备、零配件、原材料等生产资料允许免税进口;生产用品原则上应以国内供应为主,国内确实难以供应的生活必需品,经过批准,可以征税或减免税进口。特区产品和进口商品一般不得内销,必须内销的,应按规定补征关税";由于"经济特区主要是吸收侨资、外资进行建设",因此"中央各部门、各地区,除经批准许可在特区经营少数中外合资企业以外,一般不准在特区办企业,广东省要从严把关。一些单位区深圳、珠海占地,打乱了建设部署,应立即制止。有些部门和地方,经过批准,可派少数人员驻深圳进行对港澳及国外商情的调查和联系业务"。② 随后,全国人大常委会颁布的《广东省经济特区条例》进一步以法规的形式确立了经济特区实行"内紧外松"的管理模式。另外,从经济特区的规模来看,除深圳经济特区外,其余经济特区规模与保税区或出口加工区规模相当,具体如表4-3所示。

表4-3    1984年之前经济特区面积

| 特区 | 深圳 | 珠海 | 汕头 | 厦门 |
|---|---|---|---|---|
| 面积(平方千米) | 327.5 | 6.81 | 1.6 | 2.5 |

注:表中珠海经济特区面积为1980~1983年初面积,1983年5月扩大为15.16平方千米,1984年扩大至121平方千米。表中汕头经济特区面积为1984年之前面积,1984年扩张至52.6平方千米。表中厦门经济特区面积为1985年之前面积,1985年经济特区范围扩大至厦门全岛,约128平方千米。

在这种思路的主导下,经济特区政府将外部横向经济体制改革的重点放在引进外资和扩大对外交往上,如梁湘同志在1983年作政府工作报告时提出:"特区改革的指导思想是:在全国和全省的部署下,从有利于贯彻落实党的对外开放政策,更好地引进外资和先进技术设备,有利于特区

---

①② 中共中央、国务院:《中共中央、国务院关于〈广东、福建两省会议纪要〉的批示》,引自钟坚、郭茂佳、钟若愚编:《中国经济特区文献资料》(第一辑),社会科学文献出版社2010年版,第63~75页。

的兴旺发达……"；在论述如何做好外引内联工作时，梁湘同志对如何增强特区对外吸引力做了较详细的论述，包括改善投资环境、做好对外宣传工作、完善经济立法等，但对如何做好内联工作的论述则仅以"在努力引进外资的同时，大力搞好内联工作"一句话概括。①

## （二）外引与内联并重的思路

1984年初邓小平同志视察经济特区，指出"特区是个窗口，是技术的窗口，管理的窗口，知识的窗口，也是对外政策的窗口。从特区可以引进技术，获得知识，学到管理，管理也是知识。特区成为开放的基地，不仅在经济方面、培养人才方面使我们得到好处，而且会扩大我国的对外影响"。② 邓小平同志"对内对外窗口"论极大地拓展了人们的思路，使经济特区成为中国经济体制改革的试验田和示范地，同时也为特区外部横向经济体制改革选择外引内联的思路提供了理论依据。

在邓小平同志视察经济特区后，同年3~4月份在由国务院组织召开的沿海部分城市座谈会上提出：我国的社会主义现代化建设需要"利用两种资源（国内资源和国外资源），打开两个市场（国内市场和国际市场），学会两套本领（组织国内建设和发展对外经济关系）"，因为这是"解决我们资金不足和技术落后的一条重要途径"，也是"促使经济持续高涨的一项重要措施"；而"港口城市和四个经济特区，在沿海从北到南联成我国对外开放的前沿地带"，因此其"必将在发展科学技术，推广管理经验，繁荣国内市场，扩大对外贸易，传递经济信息，培养输送人才等方面，支援和带动各自的腹地，有力地促进全国的经济建设"。基于这一立论，会议强调经济特区要在企业生产和经营层面加强对内的辐射力，指出经济特区"必须下很大的力量加强先进技术的引进，特别要致力于引进技术密集、知识密集型的项目，抓紧时机，把先进的工艺技术和先进的管理经验拿进来，经过消化创新向内地转移"；同时，会议还提出要向经济特区开放国内市场，指出："利用中外合资、合作、外商

---

① 梁湘：《政府工作报告》，深圳档案馆档案，A7-1-56-10。
② 邓小平：《办好经济特区，增加对外开放城市》，引自中共中央文献编辑委员会编：《邓小平文选》第三卷，人民出版社1993年版，第51~52页。

独资企业的产品，必须以外销为目标……同时也要看到，外商来我国投资，重要的一条就是我们十亿人口的市场"，如果"一概要求出口，利用外资、引进技术的局面就难以打开"，要"让出部分国内市场换取我们需要的先进技术"。①

根据会议精神，经济特区政府的改革思路转变为外引和内联并重。

关于外引，经济特区政府的设想是：（1）推进内部经济体制改革，使经济特区成为"按国际惯例运作""使外国企业家能够像在世界上大多数国家一样管理经营的环境"；②（2）推进外贸外汇管理体制改革，包括放宽出口许可和配额限制、"建议国家外贸主管部门允许特区对企业自用设备、物资和市场销售商品自行审批并组织进口"以及"有限度地开放外汇市场，让特区企业在外汇管理部门的监督下自由调剂外汇"和"制定外资银行管理条例，支持外资银行发展业务"③ 等；（3）进一步放宽外商的投资和经营限制，包括实行项目海外招标、"与外商合作成片开发新的工业区""开放生产资料市场，国外的生产资料可以直接在特区内销售"、逐步建立"合作合资甚至外商独资直接到特区经营生产资料"以及"大力开拓国际市场，尽快地建立起稳定的销售渠道"等。④

关于内联，经济特区政府的基本思路是积极推动特区与内地企业的合作，包括"加强同中央各部门、全国各地区的全面合作，把内地一些大企业、大项目引进来"，同时"还要主动到内地去，介绍特区情况，展销产品，调查研究，洽谈项目。要把技术、资金带到内地去，兴办特区工业生产所需要的原材料生产基地""把特区的拳头产品……移植到内地生产，开拓内地市场"以及"参与内地一些基础设施建设项目的投资"，并且除与内地展开工业合作之外，还要"合作办信息、技术、咨询、文化等方面

---

① 中共中央、国务院：《中共中央、国务院关于批转〈沿海部分城市座谈会纪要〉的通知》，引自钟坚、郭茂佳、钟若愚主编：《中国经济特区文献资料》（第一辑），社会科学文献出版社2010年版，第113~123页。

②④ 李灏：《积极参与国际交往和国际竞争，推动外向型经济的发展》，引自深圳经济特区年鉴编辑委员会编：《深圳经济特区年鉴》（1988），广东人民出版社1988年版，第387~389页。

③ 中共深圳市委、深圳市人民政府：《深圳经济特区发展外向型经济的工作纲要：1987~1989（初稿）》，引自深圳经济特区年鉴编辑委员会编：《深圳经济特区年鉴》（1987），红旗出版社1987年版，第406~412页。

的事业"。① 而具体措施则包括允许内联企业在税费方面享受涉外企业同等的优惠待遇、放宽特区产品内销限制（如"凡主要使用国内原材料生产的产品，内销应不受限制""凡主要使用进口原料生产的、又不属国家控制的进口产品，在与内地企业同等负税的条件下，内销也不应受限制""特区产品在本地区和其他特区范围内销售，不应视为内销"②）等。

### （三）海南的大特区构想

尽管自 1984 年邓小平同志视察经济特区后，特区外部横向经济体制改革的思路转变为外引和内联并重，但是对于 1988 年成立的海南经济特区而言，外引仍然是横向经济体制改革的主导性思路。由于海南是首个省级经济特区，其面积远大于此前四个经济特区面积之和，故而有必要对其外部横向经济体制改革思想进行考察。1988 年八九月间，海南先后召开海南省人民代表大会第一次会议和中共海南省第一次代表大会，"两会"对海南省外部横向经济体制改革的思路是：

通过给予投资者更优惠的政策、实行更灵活的公司登记政策、放开投资者经营范围等方式，以外商成片承包、综合开发工业区及本省沿海岛屿为主要形式，使海南成为一个"有若干个自由贸易港、出口加工区、经济开发区、科学工业园等组成的真正大特区"。③

以实行境外人员进出自由、外汇进出自由和货物进出自由这"三个自由"为目标，借鉴"香港的经济政策和经济法规"认真研究制定相关目标的各项具体政策，"切实按国际惯例办事"，要"创造条件建立海南第二关税区"，使海南成为"在内地造几个香港的先行试验区"。④

为实现上述目标，国务院制定《国务院关于鼓励投资开发海南岛的规

---

① 李灏：《以十三大精神为指针，奋力攀登特区建设新高峰》，引自深圳经济特区年鉴编辑委员会编：《深圳经济特区年鉴》（1989），广东人民出版社 1989 年版，第 443~452 页。
② 李灏：《积极参与国际交往和国际竞争，推动外向型经济的发展》，引自深圳经济特区年鉴编辑委员会编：《深圳经济特区年鉴》（1988），广东人民出版社 1988 年版，第 387~389 页。
③ 梁湘：《海南建省的形势、目标与任务——在海南人民代表会议第一次会议上的报告》，引自海南年鉴编辑委员会编：《海南特区经济年鉴》（1989），新华出版社 1989 年版，第 13~23 页。
④ 许士杰：《放胆发展生产力，开创海南特区建设的新局面——在中国共产党海南省第一次代表大会上的报告》，引自海南年鉴编辑委员会编：《海南特区经济年鉴》（1989），新华出版社 1989 年版，第 4~12 页。

定》并批转《关于海南岛进一步对外开放加快经济开发建设的座谈会纪要》作为政策支持，海南省人民政府对应提出《开发开放海南经济特区的三十条规定》（以下简称《三十条》）。《三十条》中提出了更为细致的措施，包括：

放宽外商投资经营范围："境外投资者在海南从事基础设施建设、农业开发，举办工业、旅游业的同时，允许经营内外贸和批发、零售业务"；"鼓励外商成片承包、综合开发工业区及本省沿海岛屿。设立台湾投资区，给台湾投资者以更方便的条件"；"鼓励国内外投资者来海南承包、租赁、购买全民、集体企业"等。

放宽外汇金融管制："本省的人民币外汇汇率由省内外汇调剂市场自由调节。各类企业、事业单位、机关和个人均可通过外汇调剂市场自由买卖和兑换外汇"；"海南省内企业从事各种经济活动所获得的外汇收入，均可保留现汇，不必结汇"以及"国家各专业银行海南分行和经批准的海南其他金融机构均可经营外汇业务。在海南省设立的外资银行、中外合资银行及其他金融机构均可经营人民币业务"等。

放宽出口经营权："凡在海南注册的企业，均享有进出口经营权。企业凭营业执照办理进出口业务""凡有能力的企业都可经营"三来一补"业务，无须上报审批，企业的生产经营由企业自行决定"等。[①]

除上述改革构想与措施之外，海南省政府还提出要加快内部经济体制改革，建立以市场调节为主、多种所有制经济平等竞争共同发展的经济体制以及"小政府、大社会"的社会管理模式，以此推进海南经济特区外向型经济的发展。

### （四）外引内联思想在转轨中后期的延伸

在转轨中后期，随着以建立社会主义市场经济体制基本框架为目标的改革在全国范围内展开，经济特区不再独占性地享有对外开放的优惠政策，但经济特区由于在改革开放上先行一步，并且拥有立法权，因而仍然

---

[①] 海南省人民政府：《海南省人民政府关于贯彻国务院（1988）26号文件，加快海南经济特区开发建设的若干规定》，引自海南年鉴编辑委员会编《海南特区经济年鉴》（1989），新华出版社1989年版，第51~52页。

能够保持较强的优势，因而外引内联思想有了进一步的延伸，以深圳市政府的思路为例视之。

1993年，广东省委书记谢非在深圳市考察时指出，深圳在发展中应当注意搞好"三个衔接"，即与国际市场衔接、与香港衔接和与广东全省衔接。对此，深圳市政府提出，要以形成"国际市场—深圳—内地"的"三点一线"经济格局为目标扩大和深化对外开放，其主要政策构思是：

（1）以现有保税区为基础，在保税区内进行"经济运行机制、口岸管理体制、进出口贸易政策、金融政策、货币流通政策以及人员出入境政策等改革试验"以及"扩大现有保税仓的规模和经营范围"，为"建设大保税区提供经验"，并"形成一个保税生产资料大市场"。

（2）拓宽引进外资领域，包括"允许外商开展国际转口贸易，经营零售业和批发业""引进国外大财团、国际商社和跨国公司到深圳发展金融、贸易、基础设施、旅游和运输等第三产业"以及引进"国际著名的保险公司、咨询公司、基金会"等。

（3）改革口岸管理体制，"要争取在有关部门的支持下，积极理顺现行口岸管理体制，探索一条口岸体制改革的新路子"。

（4）加强深圳与广东的衔接，包括"协助省内企业到深圳上市""协助省内证券商进场交易""在省内进行融资活动""向全国开放金融证券及期货等要素市场""放开保税生产资料市场""放开驻深省内企业的进出口经营权"以及与广东各市进行科技、新产品、出国招商等。

（5）加强经济立法，利用经济特区的立法权，"将特区在探索建立市场经济体制中成功的经验、政策和规章，通过立法程序，使之上升为法规"，"力争在3~5年时间内做到在经济体制改革和对外开放的主要方面，基本有法可依、有章可循"。①

1994年，深圳市政府提出要促使外引内联向更高层次的"三点一线"发展模式转变；1995年，时任深圳市委书记厉有为在《求是》杂志上发表文章，对"三点一线"战略做进一步解释，认为缩小发展差距、实现共

---

① 厉有为：《发挥优势，再造优势，努力把深圳简称多功能现代化国际性城市——在市委工作会议上的讲话（节选）》，引自深圳经济特区年鉴编辑委员会编：《深圳经济特区年鉴》(1994)，深圳年鉴出版社1994年版，第526~530页。

同富裕,"必须按市场经济规律办事","只有通过发展社会主义市场经济,生产要素按照比较利益原则在全国范围内自由而有控地流动,从而形成地区之间经济的内在联系和纽带",才能使先发展起来的地区更好地带动和帮助后发展地区;而所谓的"三点一线"战略,是指"充分利用特区优势,依托内地,面向海外,以产品加工、贸易、科技成果、资金和其他资源为纽带,将'内地'—'深圳'—'国际市场'三点连成一线,形成最佳组合,为我国企业占领国际市场赢得竞争优势和比较利益"。他还列举了"三点一线"的六种实现形式,分别是生产加工劳动密集型、原材料辅助材料供应型、协作配套型、技术开发型、参股控股型和出口基地型。

除深圳之外,其他经济特区也对外引内联的思路做了进一步的延伸,其主要着眼点在于具体政策措施的推进上,如厦门市提出要推动保税区发展、扩大厦门与台湾经济合作、鼓励本市企业与内地企业合作等。

## 二、区域一体化思想

区域一体化是体制完善期特区外部横向经济体制改革的政策思路,与外引内联思想重点强调企业经营层面的合作不同,区域一体化思想强调在更广泛层面上的合作,包括市场准入、产业结构、基础设施以及其他社会领域的合作。

### (一) 转轨中后期的区域一体化思想

在转轨前中期和中后期,尽管外引内联是经济特区政府进行特区外部横向经济体制改革的核心思路,但特区政府也提出了在更大层面增进区域合作的构想。以深圳市的构思为例:

1994年底,深圳市政府提出要"积极参与和服从珠江三角洲经济区规划,要把深圳市的发展规划作为珠江三角洲经济区规划的一个有机组成部分";与此同时,要"做好与香港的衔接","在制订城市规划建设方案和管理法规时,尽可能地符合国际惯例并与香港接轨","做好在基础设施、产业发展、城市规划和环境四大方面与香港衔接的基础工作"。

1997年香港回归之后,深圳市政府提出"加强深港经济合作,优势互补",其具体思路包括推动城市功能与基础设施衔接、推动两地高新技术和第三产业合作、合作建立深港高新技术产业走廊、完善口岸通关等。

除此之外,深圳还提出共同举办高交会、构筑深港经济合作区等方案。这些构想无疑都超越了单纯企业经营层面的合作。但是,在当时的环境下,这些想法仅限于构想层面,未能付诸实施。

尽管如此,1997年香港回归之后,粤港合作联席会议制度的建立以及2003年《内地与香港关于建立更紧密经贸关系的安排》(Mainland and Hong Kong Closer Economic Partnership Arrangement,CEPA)的签订,这些事件都表明在更大层面和更高层次推动区域一体化仍然是今后经济体制改革的方向之一。由于中国的经济体制改革以建立和完善社会主义市场经济体制为目标,消除行政障碍以推动市场统一是必然举措,因此提出区域一体化主张是自然而然的。

### (二)特区框架内的区域一体化思想

自2007年以来,中央政府先后批准武汉城市圈、长株潭城市群和沈阳经济区等地的综合配套改革试验区申请,使这些地区成为"新特区"并得以展开综合配套改革,这意味着以特区路径推进经济体制改革进入新阶段。从行政区划的构成来看,与此前深圳、厦门乃至海南这类单一行政区构成的特区不同,武汉城市圈和长株潭城市群这类特区是由多个无行政隶属关系、地理上相互连接的行政区组成的。即使特区内城市行政级别和经济规模不一致,但特区框架也不对城市行政级别进行调整。由此,这类特区在其改革中必然涉及区域一体化问题,需要通过制度方面的调整来打破既有行政约束所带来的市场分割问题。由于所面临的区域一体化问题主要在特区范围内,不妨以特区框架内区域一体化思想一词指称相关区域一体化构想和思路。以武汉城市圈的综合配套改革总体方案(以下简称《武汉方案》)为例视之。

《武汉方案》对区域一体化的总体构想是:"以转变经济发展方式为核心,以改革开放为动力",推动"基础设施、产业布局、区域市场、城乡建设以及环境保护与生态建设"这五个方面的一体化建设(即所谓的

"五个一体化"），由此"把武汉城市圈建设成为全国宜居的生态城市圈，重要的先进制造业基地、高新技术产业基地、优质农产品生产加工基地、现代服务业中心和综合交通运输枢纽"。为了实现这一总体构想，《武汉方案》认为，在经济体制改革方面可以从产业布局、人才流动、金融服务、市场体系和行政管理着力，消除因行政区划而形成的壁垒，推动区域一体化。具体而言：

产业布局，按照圈域内统一制定产业规划进行产业布局，使圈域内各地区产业实现错位发展、相互补充，并且要"建立优化区域产业布局的引导机制"，"探索建立企业和项目在圈域内转移的利益协调和补偿机制，引导生产要素的合理流动"。

人才流动，要"完善人力资源市场体系，建立统一的人才信息公共服务平台"，以"实行高级人才双聘机制""实现人才资质互认""探索养老、医疗保险等异地享受"等方式，"破除影响人才流动的体制性障碍"。

金融服务，要"推进武汉城市圈金融一体化"，途径包括"改进支付结算服务""加快实现票据市场一体化""促进金融业信息整合共享""支持汉口银行逐步发展成为区域性商业银行"以及"鼓励股份制商业银行和城市商业银行在武汉城市圈域内其他城市设立分支机构"并于审批后"可在武汉城市圈域内实施同城化管理"。

市场体系，要"深化流通体制改革，以商品市场为基础，要素市场为重点，建立统一开放、竞争有序的区域市场体系"，通过"逐步统一市场准入政策、市场执法标准和市场法治环境"，以"促进商品和生产要素自由流动，提高资源利用效率"。

行政管理，通过"建立健全多层次联席会议等协调机制""探索建立统一的行政审批服务平台，扩大和深化并联审批""整合现有政务网络资源"等方式，实现"打破行政壁垒，统筹区域规划、产业布局和财政投入，优化资源配置，项目联动，共建共享，政府间高效协同"和"提高行政效能""推动圈域和全省信息化进程"等目标。

除此之外，《武汉方案》还提出要创新对内对外开放体制机制，包括"深化涉外经济体制改革""营造承接资本技术和产业转移的体制环境""完善大通关制度""加快海关特殊监管区域建设"等举措。

相比武汉城市圈的改革思路，长株潭城市群的改革思路除包括上述要点之外，还提出政府间财政分配、区域内公共服务方面的一体化，如"创新省与长株潭城市群以及城市群三市之间的财政分配关系，建立城市群财税利益协调机制，着力消除城市群在统筹基础设施、产业布局、公共服务、城乡建设、生态环境保护等发展方面的财税体制障碍，探索建立支撑城市群协同发展的新型财政分配体制"，以及"探索建立城市群统一的基本公共服务标准和制度""同一城市群落户标准，统一长株潭户口迁移条件""逐步改革依附于户籍管理制度上的城乡差别的相关政策"等举措。而沈阳经济区的构思与武汉城市圈和长株潭城市群的改革思路类似，故不赘述。

### （三）特区框架外的区域一体化思想

与武汉城市圈、长株潭城市群等国家综合配套改革试验区类似，深圳市和厦门市这类国家综合配套改革试验区同样面临区域一体化问题。所不同的是，后者需要在特区框架外解决区域一体化问题，这是由深圳市、厦门市所处的地理位置和周边城市经济规模与行政级别所决定的。以地处珠江三角洲东岸的深圳市为例，其2017年GDP为22438亿元、行政级别为副省级市，然而其南接香港、北临广州，其中香港和广州在经济规模上与深圳相当，在行政级别上则高于深圳或与深圳相当。除香港、广州外，深圳还与佛山、东莞、澳门和珠海等城市相邻或相望。这种多中心的城市布局使得中央政府无法设立一个更大范围的特区，进而在特区框架内解决区域一体化问题，而必须在特区框架外考虑区域一体化问题。不妨以特区框架外区域一体化思想一词指称相关区域一体化构想和思路。以2008年获批的《珠江三角洲地区改革发展规划纲要（2008~2020年）》和2009年获批的《深圳市综合配套改革总体方案》两份文件为例。其中前者目标在于推动珠江三角洲除香港、澳门以外的九个城市的一体化，后者则旨在于推动深圳和香港之间的合作。简便起见，将两份文件分别称为《纲要》和《深圳方案》。

关于区域经济一体化，《纲要》提出要推动珠江三角洲地区广州、深圳、珠海、佛山、东莞、中山、惠州、江门和肇庆九个城市的区域经济一体化,其总体目标是"打破行政体制障碍,遵循政府推动、市场主导,资源共享、优势互补,协调发展、互利共赢的原则,创新合作机制,优化资源配置"。要实现该目标,《纲要》强调广东省政府是推动区域经济一体化的核心力量,指出"在省政府的统一领导和协调下,建立有关城市之间、部门之间、企业之间及社会广泛参与的多层次合作机制"。在广东省政府领导下,除在交通、能源和信息网络等基础设施上推进一体化之外,还要:(1)"统筹跨行政区的产业发展规划,构建错位发展、互补互促的区域产业发展格局,推进产业协同发展";(2)"推进区域教育、卫生、医疗、社会保障、就业等基本公共服务均等化"。①

与《纲要》不同,《深圳方案》在区域经济一体化上更多地强调深港合作,提出"以深港合作为重点,大力推进对内对外开放;推动区域间要素流动便利、城市功能互补,积极主动参与国际分工;创新对外经贸发展方式,率先建立全方位、多层次、宽领域、高水平的开放型经济新格局,形成与国际接轨、有中国特色的开放型体制机制"。实现这一目标的更为具体的思路总结如下:(1)全面推进深港紧密合作,包括与香港在城市功能与产业上形成错位发展、强化金融商贸科技等领域合作、在前后海地区借鉴港澳办事规则和运行机制等。(2)创新对外经贸发展方式,包括深化涉外经济管理体制改革、探索海关边检服务便利化、探索完善服务贸易统计和监管体系,以及加快前海湾保税港区建设等。(3)积极推进区域合作,包括发挥深圳的辐射带动作用、推动深惠莞紧密合作、加强与省内城市之间分工协作和优势互补,以及推动本地企业向外投资等。

需要指出的是,《纲要》和《深圳方案》并不冲突,正如《深圳方案》开宗明义地提出:"为深入贯彻党的十七大精神,认真落实《珠江三角洲地区改革发展规划纲要(2008~2020年)》,在新形势下继续发挥经济特区改革开放的引领作用,推动深圳市实现科学发展,特制定本方案"。② 当然,这并不能否认两者之间的差异。厦门市的区域一体化思路

---

① 国家发展和改革委员会:《珠江三角洲地区改革发展规划纲要(2008~2020年)》,参见人民网,http://politics.people.com.cn/GB/1026/8644751.html。
② 深圳市人民政府:《深圳市综合配套改革总体方案》,参见深圳政府在线,http://www.sz.gov.cn/cn/xxgk/xwfyr/wqhg/fbh_46/fbg/200905/t20090526_1111017.htm。

着力于实现"海西经济区—厦门—台湾"之间的合作,其基本构思与深圳市的改革思路类似,故在此不再赘述。

### (四) 粤港澳大湾区构想

进入全面深化改革阶段后,为了更好地推动区域经济发展、解决地区间过度竞争导致的重复投资等低效率问题,中央政府先后决定实施京津冀协同发展、长三角一体化和粤港澳大湾区这三个区域经济一体化战略。其中,京津冀协同发展旨在通过对北京、天津和河北的功能定位进行梳理和界定,使两市一省在发展上实现功能互补、错位发展和相辅相成,雄安新区的设立是推进这一发展战略的重要环节。长三角一体化则是要通过基础设施体系一体化、建成区域产业体系和协同创新体系,以及提升区域公共服务便利化等方式,在长三角地区形成世界级城市群框架。粤港澳大湾区则是要通过"发挥粤港澳综合优势,深化内地与港澳合作,进一步提升粤港澳大湾区在国家经济发展和对外开放中的支撑引领作用"。由于粤港澳大湾区战略涉及两种不同的经济制度、三种货币体系等更为复杂的制度条件,我们在此进一步介绍其中构想。

以《粤港澳大湾区发展规划纲要》为例(以下简称《湾区纲要》),其在区域经济一体化方面的目标构想包括"区域发展更加协调,分工合理、功能互补、错位发展的城市群发展格局基本确立",以及"开放型经济新体制加快构建,粤港澳市场互联互通水平进一步提升,各类资源要素流动更加便捷高效,文化交流活动更加活跃"。为实现这一目标,除基础设施互通互联、共同发展公共文化服务体系、增进生态环境领域合作以及推动社会保障和社会治理方面的合作外,《湾区纲要》在以下四个方面提出融合的思路。

首先,对大湾区中的四个中心城市的功能和地位进行界定,例如深圳被定位为"经济特区、全国性经济中心城市和国家创新型城市",广州被定位为"国家中心城市和综合性门户城市""国际商贸中心""综合交通枢纽"以及"科技教育文化中心"。

其次,对湾区内城市主导产业进行界定,例如"以深圳、东莞为核心在珠江东岸打造具有全球影响力和竞争力的电子信息等世界级先进制造业产业集群""支持广州完善现代金融服务体系,建设区域性私募股权交易市场,建设产权、大宗商品区域交易中心""支持深圳依规发展以深圳证券交易所为核心的资本市场,加快推进金融开放创新"等。

再次,改善营商环境、提升市场一体化水平,包括"发挥香港、澳门的开放平台与示范作用,支持珠三角九市加快建立与国际高标准投资和贸易规则相适应的制度规则""加快转变政府职能,深化'放管服'改革""完善国际商事纠纷解决机制"等,以及通过落实CEPA系列协议和简化人员货物通关查验程序等方式推进投资便利化和贸易自由化等。

最后,建设粤港澳合作发展平台,发挥平台在"进一步深化改革、扩大开放、促进合作中的试验示范作用,拓展港澳发展空间,推动公共服务合作共享,引领带动粤港澳全面合作"。具体包括优化提升深圳前海深港现代服务业合作区功能、打造广州南沙粤港澳全面合作示范区、推进珠海横琴粤港澳深度合作示范以及发展若干特色合作平台。

不难发现,相比此前的《珠江三角洲地区改革发展规划纲要(2008~2020年)》和《深圳市综合配套改革总体方案》,《粤港澳大湾区发展规划纲要》试图在更大范围和更深层次推进区域经济一体化,后者不再将珠江三角洲九市与香港澳门视为两个完全不同的经济和行政实体,而是试图通过全面深化改革,促使区域内市场更好地融合以及各城市在发展上更好地相互协作。这无疑是市场经济体制改革思路上的重大突破。

## 三、关于特区外横向经济体制改革政策思想的小结

### (一)特区外横向经济体制改革思想的演变与解释

可以将特区外部横向经济体制改革政策思想的演变大致描绘如图4-1所示。即外引内联思想先行产生、发展,然后区域一体化思想产生并取代外引内联思想。

从消除地区间行政壁垒、推动地区间经济联系角度看,外引内联思想和区域一体化思想是一致的,这也与以建立和完善社会主义场经济体制为目的的经济体制改革的要求是一致的。然而,从区域间合作主体与合作内

容以及不同地区在合作过程中的地位来看，外引内联思想又和区域一体化思想有着显著不同。

图 4-1　特区外部横向经济体制改革政策思想演变

从区域间合作主体与合作内容来看，外引内联思想所关注的是企业在经营层面的问题，例如鼓励外资企业和内联企业到特区开展经营活动并充分利用特区在技术、信息和资金等方面的优势。而区域一体化思想则不仅关注于企业经营层面的问题，还关注于不同地区在基础设施、基本制度安排（如金融贸易规则、口岸通关）的协作以及主导产业选择和地区间错位发展等更为广泛的议题。也就是说与外引内联这种单一解决方案不同，区域一体化更像"一揽子"问题的解决方案。

从不同地区在合作过程中的地位来看，外引内联思想强调特区在外引和内联过程中的桥梁和窗口作用，如邓小平同志1984年视察经济特区时指出的"特区是个窗口，是技术的窗口，管理的窗口，知识的窗口，也是对外政策的窗口"。① 而区域一体化思想则不再强调特区的桥梁和窗口作用，因为特区可能本身就是多个独立行政区所构成的区域，如武汉都市圈和长株潭城市群；或者特区是区域中诸多中心城市中的一个，如深圳市在粤港澳大湾区中的地位。可以认为，与外引内联思想相比，区域一体化思想中特区的地位更为平等。

从外引内联思想和区域一体化思想的两个差异出发，可以认为外引内联思想被区域一体化思想取代是市场化改革的自然结果。在改革开放初期，相比市场分割和要素产品价格扭曲而言，更为迫切的是要从企业内部解决经营效率极度低下的问题。一个自然而然的解决思路是利用外部先进

---

① 邓小平：《办好经济特区，增加对外开放城市》，引自中共中央文献编辑委员会编：《邓小平文选》第三卷，人民出版社1993年版，第51~52页。

的技术、经验和资金对企业进行改造,并且通过扩大产品市场的方式强化对企业改造的外部激励。而此时实施更为进取的改革的必要性并不充分,而且特区与非特区在经济体制上的巨大差异和中央政府的约束也不允许推进过于激进的改革。当社会主义市场经济体制基本框架在全国范围内建立起来之后,解决市场分割和地区间恶性竞争等问题的重要性越发凸显,企业经营效率问题的解决也超出改革工资制度和所有权经营权改革的阶段,而要更多地依赖于全局性的改革,如突破市场分割并扩大市场。因此原有的外引内联不足以满足改革的需求,必须采取更为全面深入的改革才能够满足经济社会发展对制度的需求,由此区域一体化构想的提出成为必然。另外,特区与非特区在经济体制上差距的缩小也为区域一体化的实现提供了基础,这也促进了思想的演变。

### (二) 区域一体化构想中的两难问题

以市场化为取向的经济体制改革的一个基本目标是减少政府干预,让市场机制在各大程度和更大范围内发挥资源配置的基础性作用。由这个目标所导出的命题是:一个地区主导产业的形成应当是一个市场机制作用的结果,即企业根据市场的价格信号和自身的约束条件选择投资经营地点,进而通过产业向目标地区集聚形成地区主导产业。然而,在体制完善期和全面深化改革时期的区域一体化构想中,地区主导产业的形成在很大程度上是由区域发展纲要在事前规定的,这似乎与改革的市场化取向背道而驰,甚至让人以为是经济体制改革的某种倒退。笔者认为,利用行政力量介入地区主导产业的选择与形成,其实质上反映了改革进程中的两难抉择。

在政府不干预市场的理想条件下,企业根据对市场价格信号的理解和对自身约束的理解做出包括经营地点选择在内的投资决策;进而,由众多分散决策的企业在特定地区的集聚形成地区的主导产业。在这个过程中,不论是市场信息的搜集和利用,还是市场信息的动态调整,都达到潜在的效率边界,进而使产出水平达到效率边界。相反,如果政府对市场进行干预并扭曲价格信号,则企业只能根据扭曲的信号做出决策,进而所实现的均衡将偏离效率边界。另外,由于政府在对市场均衡的微小扰动作出反应上不如企业灵敏，又将使得市场信息动态调整滞后，进而使均衡进一步偏离效率边界。

对于中国经济体制改革而言，行政权力由上至下逐级制衡的政治结构是改革的重要约束条件。这一约束条件一方面通过赋予中央政府最高行政权力以保证经济体制改革的方向，但另一方面也强化了地方政府进行地区间竞争的激励，参见周黎安（2004；2007）关于官员晋升锦标赛和地区间恶性竞争的讨论。在经济体制改革尚在进行中、地方政府仍然保留较强的干预地区经济能力的条件下，政治结构上的约束条件使得地方政府会持续对市场进行干预，从而导致地区间竞争长期出现低效率均衡。

毫无疑问，通过区域一体化发展纲要在事前对各地区的主导产业进行限定，辅之以中央政府行政权力监督实施，可以在一定程度上避免地区间的恶性竞争，尤其是当地方政府所面临的主导产业选择范围并不大的时候。然而，相对于地方政府而言，区域一体化发展纲要这种地区间"合约"对市场均衡微小扰动的反应灵敏程度更低。从长期来看，这会使市场信息动态调整更为滞后，使均衡更大幅度地偏离效率边界。因此，不论是放任地方政府对主导产业选择进行干预，还是利用区域发展纲要这类"合约"对各地主导产业选择进行事前安排，其结果都必然是均衡对效率边界的某种程度上的偏离，即政府面临两难抉择。

既有的区域一体化思想是否能够完全解决上述两难问题，很显然我们还需要更多的时间来观察。然而，这种区域一体化思想至少在短期内可以缓解地区间恶性竞争带来的恶果。事实上，随着经济体制改革的推进和经济发展，推进市场统一的重要性越来越凸显，而在既有的行政体制下纯粹由地方政府自发形成区域合作或区域一体化的难度又非常大，因而进一步改革必然要求中央政府更大程度地参与和协调，包括激励和约束地方政府行为，使地方政府选择合作而非过度竞争。中央政府在最新的改革构想中提出要改革官员考核机制，废除单一指标考核制并建立多变量的考核指标，这无疑是一个具有重大意义的改革。

## 第五章

# 对经济体制改革特区路径的探讨

如果将特区路径下经济体制改革政策思想，包括内部和外部经济体制改革政策思想，视为中央政府和特区政府在特区路径下关于如何推进经济体制改革的思路，那么与这些改革思路相关但又更为根本性的思想线索是对经济体制改革特区路径本身的探讨。尽管对特区路径本身的探讨并不必然涉及如何在特区路径下推进改革这样的知识，但是它却反映了人们对特区路径本身的理解，同时也影响甚至是主导了中央政府的改革思路，尤其是党和国家领导人对特区的认识。

基于这一考虑，在本章中笔者对关于经济体制改革特区路径的探讨进行介绍和分析。其中，第一节考察了人们对经济体制改革中特区地位的认识，包括政府和学术界对特区作用的认识以及学术界对特区路径作用的经济学分析。这部分内容对于人们从更为宏观的角度把握特区路径提供便利。第二节介绍了特区在发展进程中所遭受的四次比较有名的批判，尽管这些批判最终都因为特区的成功发展而消弭，但是其代表了官方和民间在特定发展阶段所持有的不同见解。更为重要的是，其中的一些"负面"的观点实际上推动了特区政府改革与发展思路的转变，进而促进了特区的经济体制改革和经济发展。

# 第一节 对经济体制改革中特区地位的认识

一、关于经济体制改革中特区作用认识的演变

## （一）经济特区：从开放窗口到改革试点

在转轨前中期经济特区成立初期，人们倾向于将经济特区理解为纯粹的对外开放窗口，其从属于广东福建两省所实行的特殊政策和灵活措施。例如，1981年广东、福建两省和经济特区工作会议指出："试办经济特区，是两省实行特殊政策的一项重要内容，是执行开放政策、吸收外资的

一种特殊方式","世界上许多国家的经验证明，特区是扩大出口贸易、利用外资、引进技术、发展经济的比较成功的好形式"，因而"对我国来说，特区是我们学习与外国资本竞争、学习按经济规律办事、学习现代化经济管理的学校，是为两省甚至全国训练和造就人才的基地"。① 与中央政府对经济特区的理解相似，学术界也认为经济特区"类似世界上的出口加工区，是自由贸易区的一个发展形势"，② 作为"对外经济合作形式，是按照平等互利的原则，以当代通行的国际经济合作方式，利用外国的资金、技术和管理经验来发展社会主义经济的一种补充形式，它将有利于我国加速社会主义现代化的建设"。③

  由于人们并没有摆脱"左"的意识形态的影响，对于经济特区中引进利用外资、采取异于传统计划经济体制中的劳动雇佣制度和工资制度等做法的异议一直不断，如1982年兴起的对经济特区的批判（见本章第二节）。人们较少论及经济特区对全国经济体制改革的影响，甚至在某种程度上刻意淡化经济特区的影响。例如经济学家许涤新认为，由于特区经济在整个国民经济中比重极小，因而"特区经济只能成为发展我国社会主义国民经济的一种特殊形式的补充"，"认为发展经济特区会动摇社会主义制度的经济基础的说法，是没有根据的"。④ 当然，亦有论者认为经济特区可以推动经济体制改革，认为在经济体制改革过程中，经济特区可以先走一步，发挥排头兵的作用，如"怎样对外开放、对内放宽、对下扩大权力；怎样打破'吃大锅饭'的体制；怎样改变政企不分……在经济特区都可以放手大胆地进行探索和试验。经济特区中经济体制改革的步伐，可以比全国、全省走得更快，更彻底"。⑤

  对经济特区作用认识的转变始于国家领导人对特区改革试验的肯定和

---

① 中共中央、国务院：《中共中央、国务院批转〈广东、福建两省和经济特区工作会议纪要〉的通知》，引自钟坚、郭茂佳、钟若愚编：《中国经济特区文献资料》（第一辑），社会科学文献出版社2010年版，第63~75页。
② 方卓芬：《论经济特区的性质》，载于《经济研究》1981年第8期。
③ 孙孺：《关于广东设置经济特区的理论与实际》，载于《学术研究》1980年第4期。
④ 许涤新：《积极、稳步地办好经济特区》，载于《福建论坛（社教教育版）》1981年第4期。
⑤ 方晓丘：《我国试办经济特区的必要性及其基本特点》，载于《福建论坛（社科教育版）》1981年第4期。

全国城市经济体制改革的展开。1984年初，邓小平同志首次视察经济特区，高度肯定了经济特区的改革成就，指出："特区是个窗口，是技术的窗口，管理的窗口，知识的窗口，也是对外政策的窗口。从特区可以引进技术，获得知识，学到管理……特区成为开放的基地，不仅在经济方面、培养人才方面使我们得到好处，而且会扩大我国的对外影响"。① 同年11月，赵紫阳同志视察深圳经济特区时指出："实行对外开放，是要通过经济特区、开放城市、沿海开放带把外引内联、把沿海与内地的发展结合起来……特区、开放城市、沿海开放带应成为我们对外开放的桥头堡，要起跳板作用……形象地说是'两个扇面，一个枢纽'，即对外对内辐射两个扇面，特区、开放城市居中起枢纽的作用"。② 邓小平同志和赵紫阳同志的论述将经济特区所实施的开放政策从单纯对外开放拓展到对外和对内两个开放与辐射上，这为经济特区成为全国经济体制改革试点提供了立论基础。同年，中国共产党第十二届中央委员会第三次全体会议做出开展城市经济体制改革的决定，确立了以增强企业活力、改革计划体制、建立合理的价格体系、实行政企分开等目标为重点的改革思路；其改革思路与此前经济特区中的改革思路有很大的一致性，这为经济特区成为经济体制改革的试验田和示范地提供了充分性。

随后，中央政府开始将经济特区作为全国经济体制改革的试验点，认为经济特区的先行改革为全国改革提供了必要的经验。1985年12月~1986年1月召开的经济特区工作会议提出："特区是全国的特区"，"各特区在经济体制改革方面进行的积极探索，其经验和教训也为内地的经济体制改革提供了有益的借鉴"，"在特区这个对外开放与经济体制改革的前沿阵地上，我们可以在实践中观察和研究现代资本主义经济和经营管理方法，大胆进行经济体制改革试验，开阔视野，培养人才，掌握同国际资本打交道的本领，其意义是深远的"。③ 特别地，中央政府认为经济特区因

---

① 邓小平：《办好经济特区，增加对外开放城市》，引自中共中央文献编辑委员会编：《邓小平文选》第三卷，人民出版社1993年版，第51~52页。
② 陶一桃主编：《深圳经济特区年谱》，中国经济出版社2008年版，第49页。
③ 国务院：《国务院关于批转〈经济特区工作会议纪要〉的通知》，引自钟坚、郭茂佳、钟若愚编：《中国经济特区文献资料》（第一辑），社会科学文献出版社2010年版，第154~164页。

为改革风险约束较小,可以进行更为进取的改革探索。1987年,谷牧同志在经济特区工作会议上提出:"要深化改革,使特区的改革走在全国的前面",由于"我们的国家大,不同地区的情况又往往有很大的差别",因而"全国的体制改革一定要慎重、稳步",但是"特区的体制改革,只要看准了,就可以大胆去干";"对于外国的管理经验,特区可以大胆引进来,加以鉴别和试验,并大胆创新,争取创造更多的成功的经验";另外,由于"如何运用社会主义的市场机制,这在全国是个新课题",而"特区是以市场调节为主的",因此"特区在这方面也应大胆探索,不断积累经验"。①

中央政府在经济特区作用认识上的突破,也影响了学术界的观点。在同时期学术界也明确将经济特区与全国经济体制改革联系在一起,认为经济特区应当为全国经济体制改革提供经验。1985年,深圳大学学报刊登方生同志的文章,该文从改革企业管理体制、发展商品经济、贯彻按劳分配、改变经济管理方法、引入竞争、发展多种经济形式六个方面论证深圳经济特区的改革实践与十二届三中全会通过的《中共中央关于经济体制改革的决定》改革思路的一致性。1986年《管理世界》第一期刊登文章,指出经济特区"在解放思想,大胆改革创新,探索具有中国特色的社会主义道路方面","做出了一个又一个可贵的实验,为全国的人事制度,工资制度,层层商品化制度,工程招标制度等方面的改革提供了依据","全国范围的改革形势,迫切要求特区进一步发挥'改革实验场'的作用,为全国做出贡献";另外从总体上看,"中国必然要走向世界,但作为一个长期封闭的大国,又不能也不可能一下全部开放",因此"中国建立经济特区,其着眼点不仅仅在于经济",特区"是我们与外部世界交流的窗口,是我们伸向世界的第一个触角,它将使我们逐步熟悉世界,更加了解世界,能够尽快适应世界,使我们懂得该怎样开放并逐步地更加开放起来"。②

---

① 谷牧:《朝着建立外向型经济的目标继续前进——在经济特区工作会议上的讲话》,引自深圳经济特区年鉴编辑委员会编:《深圳经济特区年鉴》(1988),广东人民出版社1988年版,第355~359页、第374页。
② 姚望:《特区应该怎样走向世界——深圳特区考察报告》,载于《管理世界》1986年第1期。

至此，人们对于经济特区的理解不再仅限于对外开放上，更将其视为全国经济体制改革的试验示范地。这种观念不仅贯穿于转轨前中期，即使在经济特区的各项特殊政策被普遍推广的时候，人们依然坚持这种观念，如胡锦涛同志2003年在深圳考察工作时指出："深圳还要加快发展、率先发展、协调发展，继续发挥'试验田'和'示范区'作用，在制度创新和对外开放方面走在前面，为全国提供更多的有益经验"。① 在2012年和2018年，习近平同志两次视察深圳，不仅向世界展现了中央政府将改革开放进行到底的决心，也是对特区继续充当改革开放先行试验示范的勉励。

### （二）国家综合配套改革试验区：改革与发展的极点

在体制完善期和全面深化改革期，人们对国家综合配套改革试验区作用的理解是双重的，即国家综合配套改革试验区既是改革的先行试验区和示范区，也是区域经济发展的增长极。将国家综合配套改革试验区视为改革先行试验区和示范区，从国家正式文件中不难得到佐证，如国家发展和改革委员会对《深圳市综合配套改革总体方案》的批复中指出："深圳是我国体制改革的'试验田'、对外开放的重要'窗口'、现代化建设的'示范区'，在全国经济社会发展和改革开放大局中具有重要作用……组织实施好综合配套改革，对于全面深化改革，继续发挥经济特区的示范作用，为全国重大体制改革探索经验具有重要意义"。② 又如国家发展和改革委员会对武汉城市圈和长株潭城市群成为综合配套改革试验区的批复提出：武汉城市圈和长株潭城市群要"全面推进各个领域的改革，在重点领域和关键环节率先突破，大胆创新……为推动全国体制改革、实现科学发展与社会和谐发挥示范和带动作用"。③ 将国家综合配套改革试验区视为推动区域经济发展的增长极的观点也不难找到印证，如温家宝同志在湖南

---

① 胡锦涛:《在深圳考察工作时的讲话（部分）》，引自钟坚、郭茂佳、钟若愚编:《中国经济特区文献资料》（第三辑），社会科学文献出版社2010年版，第77页。
② 国家发展和改革委员会:《国家发改委关于印发〈深圳综合配套改革总体方案〉的通知》，引自钟坚、郭茂佳、钟若愚主编:《中国经济特区文献资料》（第一辑），社会科学文献出版社2010年版，第311~322页。
③ 国家发展和改革委员会:《国家发展改革委关于批准武汉城市圈和长株潭城市群为全国资源节约型和环境友好型社会建设综合配套改革试验区的通知》，见国家发改委网站，http://www.sdpc.gov.cn/。

视察工作时指出：湖南省要"率先成为中部崛起的重要增长极"，"国家批准长株潭城市群成为全国'两型社会'建设综合配套改革试验区"，"是国家实施区域发展战略布局的重大举措，对湖南实施中部崛起战略有着重要支撑作用"。①

需要指出的是，视国家综合配套改革试验区为增长极的观点与中央政府的区域经济发展思路是一致的。2003年，中国共产党第十六届中央委员第三次全体会议提出统筹区域发展的要求；2006年3月公布的十一五规划提出"坚持实施推进西部大开发，振兴东北地区等老工业基地，促进中部地区崛起，鼓励东部地区率先发展的区域发展总体战略"，并提出"要把城市群作为推进城镇化的主体形态"以"形成合理的城镇化空间格局"；②2007年胡锦涛同志在十七大报告中进一步提出：要"遵循市场经济规律，突破行政区划界限，形成若干带动力强、联系紧密的经济圈和经济带"，并且要"按照统筹城乡、布局合理、节约土地、功能完善、以大带小的原则，促进大中小城市和小城镇协调发展。以增强综合承载能力为重点，以特大城市为依托，形成辐射作用大的城市群，培育新的经济增长极"。③对应地，此时国家综合配套改革试验区在空间范围上由原来的一市一区变为城市群甚至是省。

这一时期学术界在关于国家综合配套改革试验区的讨论中，除了关于特区如何改革的探讨之外，也出现若干对特区如何带动周边区域发展的讨论，例如王家庭（2006）、罗清和等（2008）探讨了特区影响区域经济发展的机制，提出包括技术溢出机制、制度迁移机制和产业转移机制在内的机制。另外，张换兆和郝寿义（2007）以及王家庭（2007）还重点探讨了国家综合配套改革试验区经济体制改革的制度空间扩散机制，包括以政府为核心和以企业为核心的制度传导机制。这种学术分析视角的转换与政

---

① 温家宝：《率先成为中部崛起的重要增长极——温家宝在湖南考察时的讲话》，载于《湖南日报》，2012年5月26日。
② 《中华人民共和国国民经济和社会发展第十一个五年规划纲要》，新华网，http://news.xinhuanet.com/。
③ 胡锦涛：《高举中国特色社会主义伟大旗帜 为夺取全面建设小康社会新胜利而奋斗——在中国共产党第十七次全国代表大会上的报告》，引自中共中央文献研究室编《十七大以来重要文献选编》（上），中央文献出版社2009年版，第1~43页。

府思路的转换是一致的。

相比此前对经济特区的理解，体制完善期人们对国家综合配套改革试验区的理解无疑更为全面——国家综合配套改革试验区的功能在地理空间这个维度上也得到了表述，而经济特区只是从属于抽象的沿海开放带。这种认识上的转变为在中西部内陆地区设立国家综合配套改革试验区提供了立论依据。

## 二、对经济体制改革特区路径的经济学分析

如笔者在第一章所界定的，特区路径是指在经济体制改革特定阶段由中央政府以赋予特殊政策形式，向局部地区地方政府优先释放更大的改革授权与经济管理权，以激励这些地区（特区）先行进行经济体制改革探索，并为下一阶段全国经济体制改革大规模展开提供借鉴和参考的改革方式。这是一种带有时空非平衡性质的改革策略。

在转轨前中期，学术界尽管意识到经济特区充当了全国经济体制的试验田和示范地的作用，但是似乎并没有真正意识到通过设置经济特区来推动经济体制改革是中国经济体制改革的独有方式，因此也就没有关于特区路径的讨论。1992年邓小平同志发表著名的南方谈话，同年召开的中国共产党第十四次全国代表大会正式提出建立社会主义市场经济体制这一改革目标，充分肯定了经济特区改革与全国经济体制改革的内在一致性。与此同时，苏联、东欧地区社会主义国家在经济体制转轨上遭遇不同程度的挫折，使人们开始关注经济体制转轨的中国经验的独特性，其中自然包括对经济体制改革特区路径的探讨。

### （一）试验推广式改革说

试验推广式改革说将经济体制改革的特区路径视为试验推广式改革的一种具体表现，以林毅夫等（1993）为例，他们认为包括特区路径在内的经济体制改革都呈现出"每项改革措施都从较小范围内的试验开始，在取得成果并进行总结的基础上加以局部推广，由点及面，不断总结和观察，进而扩大其实行范围"的试验—推广两阶段特征，与大爆炸式改革不同，

是一种渐进式改革。

林毅夫等认为，试验推广式改革的优点在于：（1）降低改革风险，因为"任何一项改革措施，在执行之前都遇到信息不足的问题，因而执行的结果也多少带有不确定性"，而"以局部的、试验性的方式进行改革可以把试错成本分散化，避免过大的失误"；（2）及时提供改革收益信号，因为试验推广式改革具有自发改革的性质，其"大多是从解决某些具体问题出发，从管理体制的一些环节入手"，因而"使改革沿着可以取得收效的方向而推进，并且获得了一种自我加强的特征"；（3）为市场的建设和发育创造了一个过程，因为"市场的发育有赖于一系列规则和惯例的形成和硬件环境的建设"，而"试验推广的改革方式便为每一部分新增的经济成分赢得了相应形成市场环境的时间"。

而试验推广式改革的缺点主要是由改革的局部性所造成的，具体而言在于：（1）造成改革和未改革地区的摩擦，由于"市场机制的作用是开放的"，"局限于某个部门或某个地区的改革不能完全充分地利用市场机制，仍然要借助于行政的手段来将已经改革的部分与未改革部分人为隔开"，"当这种人为的隔绝不能奏效时，摩擦就会出现"；（2）"改革进程在部门和地区间的不一致，造成区域发展不平衡、收入分配不均等一系列问题，加强了社会不稳定因素"；（3）"改革的不配套使某些必要的改革措施滞后，形成调节机制上的真空"；（4）造成改革不断陷入"活乱"循环，由于"扭曲价格的政策环境是计划管理体制的存在前提"，而试验推广改革"要求某种程度的整体性"，因此"局部的改革方式使宏观政策环境的改革相对滞后"。[①]

林毅夫等人的试验推广式改革说强调了转轨时期经济特区作为改革试验田和示范窗口的作用，并且从改革风险控制和改革摩擦等角度探讨了试验推广式改革的优缺点，为人们对该特区路径进行评价提供了思路。然而，试验推广式改革说在某种程度上忽略了非平衡的改革授权对特区政府改革主动性的影响，甚至将家庭联产承包责任制的推广和经济特区经济体

---

① 林毅夫、蔡昉、李周：《论中国经济改革的渐进式道路》，载于《经济研究》1993年第9期。

制改革的推广视为同类，这未免令人遗憾。

## （二）中间扩散与阶梯式改革说

中间扩散与阶梯式改革说强调地方政府在经济体制改革中充当制度变迁第一行动集团的作用，并且从改革知识积累扩散和改革风险控制角度出发，认为特区路径是阶梯式改革的具体表现。杨瑞龙（1998）提出"中间扩散型制度变迁"假说，认为中国体制转轨有别于供给主导型与需求诱致型的制度变迁方式，是一种由地方政府充当制度变迁中的第一行动集团所形成的中间扩散型制度变迁方式。杨瑞龙和杨其静（2000）又将中间扩散型制度变迁假说拓展成为阶梯式渐进制度变迁假说，即中国经济体制改革经历了从供给主导型制度变迁（中央授权型改革）到中间扩散型制度变迁（地方政府自主的制度创新）再到需求诱致型制度变迁（地方政府和微观主体合作博弈）的渐进过程。该论证是通过构造一个由中央政府、地方政府和微观主体构成的三方博弈模型来完成的。

杨瑞龙等人认为，设立经济特区属于供给主导型制度变迁，当中央政府"本能地具有通过进一步改革来提升其效用水平的愿望"时，由于中央政府缺乏改革的充分知识，"为了避免因不确定性所可能带来的无法控制的风险，中央治国者通常不会贸然在全国范围内……供给制度创新空间，因此委托和授权地方政府进行改革试点就成为必然的理性选择"；而"所谓试点改革，就是中央授权个别地方政府或部门进行市场经济制度创新实验"；在试点授权改革中，"获得试点权的地方政府官员为了自身利益最大化，必然把中央授予的制度创新空间用到极限。反过来，试点的成功提高了中央治国者对市场经济制度的认识水平"；从总体上来看，"这种供给主导型制度变迁方式的优点是改革风险小、成本低。但其形式单一、领域狭窄，地方政府官员和微观主体的制度创新能力受到约束，知识积累速度还是较慢，因面临种种障碍而难以完成向市场经济制度的过渡"。随着改革的不断推进，中央政府所具有的知识不断增长和地方政府自主制度创新绩效的显现，"中央政府在制度变迁过程中的角色从主要由对改革内容和改革路径的'事前安排'转变为主要对'下面'进行的自主制度创新进行

'事后追认'",① 此时经济体制改革进入中间扩散型制度变迁阶段。因此，从改革的总体进程来看，中国经济体制改革呈现出特区路径这样的特征。

杨瑞龙等人的分析将地方政府的改革主动性纳入分析中，这无疑比将特区路径视为试验推广式改革和把特区视为改革试点要更为精准。然而，其分析似乎对地方政府在推进地区间合作与市场统一方面过于乐观，没有注意到地方政府展开竞争甚至是恶性竞争的激励，进而其预测的需求诱致型制度变迁在很大程度上与后来越来越强调顶层设计的现实不同。另外，其阶梯式改革也没能够预测到国家综合配套改革试验区等新特区的设立。

## （三）非平衡式改革路径说

1998年，利特瓦克和钱颖一在《比较经济学杂志》(Journal of Comparative Economics) 上发表文章对特区路径进行探讨，他们认为特区路径是一种非平衡发展（unbalanced development）路径，而经济特区在这种路径下成为经济体制转轨的催化剂。利特瓦克等人的分析逻辑是：从计划经济体制转轨至市场经济体制，需要支付庞大的转型成本；而在转型之初，政府并没有足够的资源进行转型投资，使新体制不断填充两种体制转换时的真空，并且形成关于新体制收益的预期以不断吸引微观主体转入新体制中；由此，当政府采取平衡发展的策略时，就容易陷入坏均衡陷阱（bad equilibrium trap）；而当政府采取非平衡发展策略，让有限的资源集中于经济特区中时，经济特区由于拥有足够的投资而可以避免坏均衡陷阱，而且经济特区的成功转轨又会促使其他地区建立关于新体制收益的预期，从而使其他地区跟进转轨。也就是说，特区路径通过对经济特区的非平衡投资使经济特区避免了转轨的坏均衡陷阱，同时还使整个经济体建立了转轨收益预期，从而使整个经济体避免了转轨的均衡陷阱。罗海平（2010）借鉴利特瓦克和钱颖一的分析思路，将对企业的投资表征为经济特区吸收的资源，指出特区路径对于中经济体制改革的必要性，并提出中国经济体制改革空间渐进性的必然性。

---

① 杨瑞龙、杨其静：《阶梯式的渐进制度变迁模型——再论地方政府在我国制度变迁中的作用》，载于《经济研究》2000年第3期。

利特瓦克和钱颖一等人将要素的跨区流动纳入分析中，并且在分析中内嵌了特区政府的改革主动性，这无疑比此前的观点要大为进步。此外，他们注意到转轨陷阱的存在以及改革收益预期的重要性，增进了人们对转轨进程中结果多样性的理解。苏东国家的转轨在很大程度上都忽略了转轨陷阱的存在，并且形成了错误的改革收益预期。但是，该分析更适用于转轨前中期政府投资能力较弱的情况，难以解释在体制完善期国家拥有强大投资能力时，仍然需要建立国家综合配套改革试验区这一举措。

### （四）转轨与发展双视角的考察

从特区路径的实践来看，可以认为转轨前中期经济特区的作用主要在于进行改革试验，并将改革成果和经验传递至尚未改革的地区，从而推进全国范围的经济体制改革；而体制完善期和全面深化改革时期国家综合配套改革试验区的作用则不仅仅是进行改革试验，还包括推动区域经济发展的职能。因此自然而然的思路是从转轨和发展这两个视角对特区路径进行理解。以樊纲等（2009）为例视之。

樊纲认为从转轨经济学角度看，经济体制转轨需要解决三个基本问题：（1）探明最佳的体制改革的目标模式；（2）突破旧体制既得利益的阻力；（3）降低制度体系不完整所带来的不协调成本。对于第一个问题，经济特区本质上"是在全国改革的目标模式还不很明朗时，最先以某种（任何一种）已经存在的经济体制为学习目标的特殊体制试验区域"，经济特区"为全国'探明'体制改革的目标模式"；对于第二个问题，由于经济特区所在的广东福建沿海地区"一直没有成为计划体制下经济发展的重点……政府对经济的控制相对也较薄弱，既得利益相对较小"，同时"经济也相对更加落后"，因而"实行新的体制，阻力自然较小，激励自然较大"，同时由于经济特区毗邻香港，其在观念上也更容易实现转变；对于第三个问题，经济特区是"有'改革自主权'的"，"不是像'试点'那样每开始一项新的政策都由中央决策，由中央部门安排试点"，特区政府拥有自行决定各项改革政策的权力，它知道"一项改革在实践中遇到了那些与其他制度的相互制约关系"，可以"直接对各种相关关系做出反应，而不需要事事都等着中央政府安排试点"。

另外,从发展经济学角度看,经济特区"通过体制和政策的'优势落差',用新的体制有效配置稀少资源,形成'资源聚集洼地',形成发展的突破";[①] 经济特区还通过扩大对外贸易,发挥中国的相对优势,并且将稀缺要素引进中国;当经济特区取得发展突破时,其通过对国内其他地区的示范,推动全国经济体制改革和经济发展。

除樊纲等(2009)采取转轨和发展双视角进行考察之外,陶一桃(2016;2018)和鲁志国(2016)也都采用了类似的双视角理解方式。限于篇幅,此处不再赘述。从总体上看,转轨和发展双视角的考察整合了转轨制度信息不完全和要素流动,不仅考虑到风险和投资约束问题,也将特区政府改革主动纳入分析中,这种分析不仅适用于转轨前中期的经济特区,同样也为体制完善期和全面深化改革期的国家综合配套改革试验区提供了解释。毫无疑问,这种分析框架上的整合有助于人们对特区路径有更为全面的认识。当然,转轨和发展双视角的考察依然存在可改进的空间,例如如何对双视角进行有机的整合,进而提出统一的理解框架对特区路径进行理解;又如何结合城市经济学和空间经经济学理论对早期增长极理论进行修正等。

### (五) 小结

不难看出,对特区路径的经济学分析的演化是一个不断增加假设和变量以逐步使模型更贴近经济现实的过程,从最初的中央政府风险角度,到中央政府与地方政府博弈角度,再到加入要素流动这一变量,最后到从转轨经济学和发展经济学视角对特区路径进行分析。当然,可以期待,随着经济实践和经济理论的推进,还会出现更全面的关于特区路径的经济学分析。

## 第二节 关于特区的四次批判

如同邓小平同志所指出的:"经济特区是个试验","它是社会主义的

---

[①] 樊纲等:《中国经济特区研究——昨天和明天的理论与实践》,中国经济出版社2009年版,第3~30页。

新生事物",“是书本上没有的"。① 自转轨前中期经济特区诞生起，对特区的质疑和批判就伴随着特区的发展。在这些质疑和批判中，有四次影响力较大的批判，这四次批判在很大程度上反映了当时人们对特区的态度。

## 一、基本历程

1982年1月，经济特区遭到第一次批判。胡乔木组织制定内部文件《上海租界的由来》，同年3月29日，上海《文汇报》发表署名文章《旧中国租借的由来》。两篇文章认为经济特区不是搞社会主义，影射经济特区就是新中国的租界。类似的观点随之而来，如"特区不就是过去的租界吗""特区是搞香港化，搞资本主义""特区除了国旗是红的以外，已经没有社会主义的味道了"②等。这次批判引起经济特区的震动，根据时任广东省省长梁灵光的回忆，深圳、珠海在批判后由繁华转为萧条，外商担心政策有变，对到特区投资持观望态度。这场批判及相关讨论在1984年初邓小平同志视察深圳等经济特区并对特区成绩做出充分肯定之后逐渐消散，但类似的思维方式则是在1992年初邓小平同志南行之后才真正被摒弃，1989年出现的"洋浦风波"可以被认为是对经济特区第一次批判的延续。

1985年5月经济特区遭遇第二次批判。香港《广角镜》杂志第152期刊登香港大学亚洲研究中心陈文鸿博士的文章——《深圳的问题在哪里》，该文运用大量公开数据进行分析，指出：（1）深圳的高速发展是靠大量的基建投资产生的，而制造业发展并不佳，如1983年工业总产值的7.2亿元中，建筑业产值占了6亿多元，制造业产值仅1亿多元；（2）从1983~1984年上半年，深圳社会商品零售额大幅超出工农业总产值，如1983年社会商品零售总额为12.51亿元，同年工农业总产值为8.7041亿元，这反映出深圳经济结构并非如同官方报道的那样以工业为主体，而是以贸易为主体的；（3）深圳的经济主要依赖于贸易，而贸易中又以对国内

---

① 邓小平：《改革开放是很大的试验》，引自中共中央文献编辑委员会编：《邓小平文选》第三卷，人民出版社1993年版，第130页。
② 陶一桃主编：《深圳经济特区年谱》，中国经济出版社2008年版，第21页。

其他地区的转口贸易为主，转口商品以进口商品或包含相当比例的进口商品为主，资金流入是因为贸易具有高额利润所致，而深圳的繁荣也植根与此。文章主要结论归于两点：(1) 深圳并没有做到所说的三个为主，即资金以外资为主，产业结构以工业为主，产品以出口为主；(2) 特区赚了内地的钱。陈文鸿的观点引起海内外关于经济特区的大讨论，同时也促使中央政府政策的转变：1985 年按照国家统一计划，银行贷款大面积收缩，深圳基建投资压缩 10 亿元，20 栋 18 层以上高楼停建；同时诸多外贸特殊政策被取消，如 1983 年特区由中央省部控制的出口商品 129 种，1985 年增加至 244 种，占全部出口商品的 80%；派时任国务院副秘书长李灏南下接替梁湘深圳市长职务，1986 年 5 月李灏又接替梁湘市委书记职务。随后，李灏调整深圳经济特区发展策略，使工业成为产业结构的主体。①

1994～1995 年经济特区遭遇第三次批判。1994 年胡鞍钢以内参形式向中央提交了一篇调研报告，认为：(1) 公平竞争是现代市场经济制度的基本原则，但经济特区的特权破坏了公平竞争，阻碍了市场改革；(2) 中国经济体制改革中形成了各个独立的利益集团，经济特区便是其中之一，其靠政治寻租和经济寻租获得优惠政策；(3) 经济特区的优惠政策等于享受其他地区"输血"，间接获得一种"租金"；(4) 对经济特区的优惠政策人为地加剧了地区间矛盾，遭到绝大多数地区领导人的反对；(5) 经济特区的特殊政策只有利于少数地区，损害了大多数地区的利益，只能刺激局部市场繁荣，却破坏了国内市场的统一。因此"中央政府……不能带头破例，对某些地区实行优惠政策或提高垄断，任何地方都不得享有法律和制度之外经济特权，即使是经济特区也不能享有和保留经济特权"。② 随后，胡鞍钢在多个场合发表其言论，如 1994 年 10 月在上海作了题为《上海：为何老大变老九——不同税制对上海的影响》的报告，指出上海衰落原因在于中央税制上的歧视性政策。胡鞍钢的批判引起经济特区支持者的反对，1994 年 10 月 7 日，国务院特区办公室副主任刘福垣在《光明日报》发表文章，指出不仅不能取消特区之"特"，而且特区还应该更

---

① 陶一桃、鲁志国主编：《中国经济特区史论》，中央文献出版社 2008 年版，第 55～61 页。
② 陶一桃、鲁志国主编：《中国经济特区史论》，中央文献出版社 2008 年版，第 85 页；陶一桃主编：《中国经济特区年谱》，中国经济出版社 2008 年版，第 223 页。

"特"；1995年8月7日，《深圳特区报》头版头条发表长文《深圳的实践说明了什么——深圳市委书记厉有为访谈录》，文中厉有为谈到深圳经济特区创建15年来所取得的巨大成就，并直指胡鞍钢的取消特区论、认为经济特区向中央政府进行政治寻租和经济寻租获取特殊政策的说法是"把脏水泼在特区建设者身上"；随后《深圳特区报》又发表《办特区是搞特权吗》《浅议学者与学棍》和《棍子向谁打来》等文章对胡鞍钢进行反驳。1995年10月14日，中共深圳市委宣传部要求所有媒体停止刊登相关争论文章，争论告一段落。

2002年末经济特区遭遇第四次批判。2002年11月16日，深圳网民呙中校[①]在人民网强国论坛和新华网发展论坛上发表《深圳，你被谁抛弃》的文章，对深圳在吸引外资、吸引企业落户、吸引人才流入等方面竞争失利进行讨论，进而指出深圳在发展上所面临的内在困境和外在困境，内在困境包括国有经济改革迟缓、政府效率低下、城市环境恶劣、文化沙漠以及改革意识退化，外在困境则主要是香港缺乏合作意愿以及中央金融政策偏向上海；文章最后指出：尽管每一个经济特区都不愿意放弃其特殊性，但是现实是经济特区在中国的历史使命已经完结，加入世界贸易组织（WTO）后经济特区的存在丧失了其重要的政策基础，不可能再享有特殊的照顾，因为这与WTO精神相违背。《深圳，你被谁抛弃》发表之后，迅速在民间和网络走红，并引起众多关注。2003年初，《南方都市报》在半月里连续推出《深圳，你被抛弃了吗》大型策划报道，新浪、搜狐、深圳热线、凤凰卫视等媒体纷纷跟进。2003年1月19日，时任深圳市长于幼军与《深圳，你被谁抛弃》作者呙中校在广州见面，就深圳所面临的发展困境和解决之道进行了两个半小时的平等交流。于幼军表示，只要深圳人自己不抛弃深圳，谁也抛弃不了深圳。同年7月，国务院总理温家宝到深圳考察工作，勉励深圳要"增创新优势，走出新路子，实现新发展，办出新特色"。[②]

---

[①] 呙中校，网名我为伊狂，毕业于武汉大学，证券分析师、媒体评论员。
[②] 见《温家宝在深圳经济特区考察时指出：增创新优势，走出新路子，实现新发展，办出新特色》，2003年7月3日，人民网，http://www.people.com.cn。

## 二、评析

从经济学角度看,特区遭遇第一次批判的核心问题在于:市场经济体制是否能够与社会主义兼容。事实上,在这次批判之前,已有学者论述指出经济特区不是旧中国租界的再现,经济特区具有国家资本主义性质,它从属于整个社会主义经济制度(方卓芬,1981)。但这种论述并没有触及问题的关键,因为这种论述仍然将作为资源配置方式的市场经济体制与带有阶级属性的经济制度挂钩,试图采取调和的方式将经济特区的市场经济体制纳入整个社会主义经济制度中,矛盾依然存在。直到1992年邓小平发表南方谈话,明确指出"计划经济不等于社会主义……市场经济不等于资本主义……计划和市场都是经济手段"[①]后,才真正解决了市场经济体制是否能与社会主义经济制度兼容的问题,也从根本上消除了第一次批判的立论依据。

经济特区所面临的第二次批判从表象上看是对经济特区产业结构和发展方式选择的讨论,但从更深层的角度来看,其实际上反映了双轨制改革的弊端。在经济体制改革双轨制的条件下,经济特区由于实行市场经济体制和拥有外贸特权,商品极大丰富;而内地由于实行计划经济体制且外贸权限较低,处于短缺经济状态。这使特区内外商品价格存在一定差距,同时国家所奉行的出口导向战略又进一步加大了这种差距,而这种差距使人们从事转口贸易能够获得丰厚的利润,因而经济特区在产业结构上自然倾向于以贸易为主,而且是以转口贸易为主,如陈文鸿所举的例子:上海出口至香港的雨伞,经过深圳进口又被上海人所购买,香港人和深圳人从贸易中获得利润,而上海人居然也因为买得便宜而获益。从经济学角度看,只有当特区内外商品价格相近时,这种贸易状态才会被扭转;特区内外商品价格趋同的条件在于商品供给充足,而商品供给充足的条件又在于实行了市场经济体制,也就是说,由经济特区所表征的双轨制改革

---

[①] 邓小平:《在武昌、深圳、珠海、上海等地的谈话要点》,引自中共中央文献编辑委员会编:《邓小平文选》第三卷,人民出版社1993年版,第370~383页。

具有内在趋向单轨制的动力。但在当时的条件下，采取双轨制改革又是不得已而为之，因此这次批判实际上引致双轨制改革条件下如何避免双轨制所带来的弊端的思考，而其结果则是中央政府以及特区政府调整了自身的策略。

经济特区所面临第三次批判的核心问题实质上是市场经济体制下如何重构中央与地方、地方与地方之间的关系。对于中央与地方的关系，在分税制改革之前，由于中央政府采取财政收入分成制或包干制，使中央权威不断弱化；中央政府为了维护有效的控制力，采取分税制改革。但要说服地方政府支持分税制改革，其首要任务则是重构地方与地方之间的关系，即消除地区税负上的不平等，以及地区在有关发展机遇的制度安排上的不平等；而经济特区作为前一阶段改革中享有多项优惠政策的地区自然成为众矢之的，受到批判。从经济体制改革的趋势来看，取消特区独享优惠政策的垄断地位是改革的必然方向。对这次批判的反驳反映了特区政府对既得利益的捍卫，但这并不能扭转整个趋势。因此，经济特区政府提出了"增创新优势"和"二次创业"的改革口号，力图转变特区观念，将经济特区的特殊性从经济优惠政策向改革特许权上靠拢，尽管这种转变部分源于外部压力。

与前三次批判都来自特区外不同，经济特区所面临的第四次批判来自特区内部。从表象上看，这次批判的重点在于深圳发展前景；但其所反映出的更为本质的问题是：特区的"特"的实质是什么？尽管经济特区政府在此前已经开始转变观念，将"特"定位于改革权以及经济体制改革的先试先行上，但这种观念的转变速度仍然较慢，如呙中校所言：如果深圳市政府在胡鞍钢第一次批判之后，就切实转变观念，而不是与其争论，或许深圳就不会面临今天的困境。这一次批判真正从特区内部提出转变观念的要求，使特区将自身特殊性定位于改革精神与改革的先试先行，而不再是优惠政策的多少。对于进一步的改革而言，这无疑是极为重要的。

从总体上看，特区所遇到的四次批判依次提出了："市场经济体制是否能与社会主义经济制度兼容""双轨制条件下如何避免双轨制的弊端""市场经济体制条件下如何重构中央—地方以及地方—地方之间关系"和

"特区'特'的实质是什么"这四个问题。这些问题在一定程度上描绘出特区路径在从计划经济体制向市场经济体制改革过程中必然面对的质疑,而对这四个问题的回答,不仅增进了人们对市场经济体制、经济体制改革的理解,也增进了对特区以及特区路径的理解。

# 第六章

# 特区路径下经济体制改革思想总论

## 第一节 特区路径下经济体制改革思想的两个总体描述

### 一、特区路径下经济体制改革思想的演变脉络

本书第三章至第五章已经对特区路径下内部经济体制改革思想、外部经济体制改革思想和有关特区路径的讨论这三条思想线索分别做了梳理和分析，可以使读者初步把握特区路径下经济体制改革思想的主要内容。然而，值得注意的是，根据本书第一章的分析，三条线索的思想实质上是相互交织影响的。这种交互影响无疑能够使我们全面地把握特区路径下经济体制改革思想的演变，同时也降低了我们理解的难度。因此，在这里笔者按照时间排序将同一时间段内不同线索中的经济思想放在一起简要叙述，以利于形成一种经纬交织的理解。

#### （一）转轨前中期特区路径下经济体制改革思想

在1980~1984年特区初创时期，由于全国范围经济体制改革尚未展开、意识形态领域"左"的干扰尚未清除、改革经验和知识不足等，特区政府对特区内部经济体制改革以渐进性、探索性的改革思路为主导。在这一阶段，特区政府并没有制订系统的改革总体方案，而是根据对外开放和吸引外资的需要对原有计划经济体制中的若干具体制度安排进行改革，例如允许多种所有制并存、改变政企关系并向企业放权、改革劳动工资制度、放开生活资料价格管制等。与此同时，在纵向领域中央政府采取发包分权的方式向特区政府释放改革权，并且在税收、信贷和外汇外贸方面赋予特区一系列的独占性优惠政策。在横向领域，基本思路是外松内紧，即对外进一步放开外资进入，对内从严控制内资企业进入；其后，外松内紧的思路在一定程度上放松为外引内联思路。在这个阶段，对经济特区地位

的认识停留在对外开放窗口和社会主义经济的补充上；由于改革历史积累不足，学术界尚未对特区路径进行学理上的分析；舆论界一方面从"左"的价值取向出发对特区进行批判，另一方面也注意到特区过于倚重外贸优惠政策、较少注重工业发展的弊端。

1984年，邓小平同志视察经济特区并对经济特区发展给予充分肯定，同年10月通过的《中共中央关于经济体制改革的决定》正式在全国范围内启动城市经济体制改革。这些外部环境变化加上此前经济特区改革与发展经验，使特区政府在内部经济体制改革上采取了更为全面系统的思路，例如深圳市政府提出要根据发展外向型经济的要求，在基本经济制度（所有制结构、国有企业经营管理体制转换、股份制改革、国有资产管理体制建设等）、市场体系建设与完善（资金、劳务、技术、信息及证券等市场的建设）以及政府职能转变上进行重点改革；新成立的海南省政府甚至提出了更为激进的"小政府，大社会"构想，在所有制上提出不规定主导所有制、多种所有制共同发展的思路。与此同时，在纵向领域，中央政府延续甚至是强化前一阶段发包分权思路和赋予独占性优惠政策的思路。在横向领域，由于全国范围的改革已经展开，外松内紧的思路被外引内联思路所替代，强调发挥特区在企业层面推进国内外联系的作用。在这个阶段，对经济特区作用的认识有了重大突破，认为特区是对内对外的窗口，同时也是改革试验田和示范地。这不仅为后一阶段学术界展开学理探讨提供了思路，也使"左"的意识形态的批判大为减少。

### （二）转轨中后期特区路径下经济体制改革思想

1992年初邓小平同志发表著名的南方谈话，彻底打破人们在计划市场和"姓资姓社"问题上的纠结。同年中国共产党第十四次全国代表大会召开，确立了建立社会主义市场经济体制的改革目标；1993年11月，中国共产党第十四届中央委员会第三次全体会议通过《中共中央关于建立社会主义市场经济体制若干问题的决定》，对建立社会主义市场经济体制基本框架的改革做了全面部署。对于经济特区而言，建立社会主义市场经济体制改革目标的确立，一方面使经济特区的经济体制改革摆脱了"左"的意识形态的干扰，使特区的改革能够更加进取和深入，另一方面也意味着特区和非特区地区在经济体制和特殊政策上的"体制落差"与"政策落差"将逐渐缩小直至消失，这对自建立伊始尚未脱离特殊体制和政策"保护"的特区是一个挑战。

在转轨中后期这个阶段，经济特区政府在特区内部经济体制改革上的总体构想有两个转变：（1）从利用特殊体制和特殊政策进行改革，转为利用先行改革的优势将经济体制改革继续推进，由此保持体制上的优势，即"增创新优势，更上一层楼"；（2）按照中央政府的改革思路，率先进行全面的市场化改革，而不仅仅是对部分领域的改革。关于具体领域的改革思路，以深圳市为例，其在基本经济制度改革上把着力点放在：（1）推动多种所有制经济共同发展，发展混合所有制经济；（2）推动国有企业建立现代企业制度，完善国有资本监管和运营体系；（3）完善分配制度，推进社会保障体制建设。在市场体系建设和完善上，关注于各专业市场的构建、市场法治环境建设以及市场中介组织的培育。在政府职能转变上，推进政府审批制度改革和投融资制度改革。在外部纵向制度改革上，中央政府采取淡化特区的做法，进而逐步减少甚至取消对经济特区的优惠政策，或者将优惠政策普惠化。在外部横向经济体制改革上，特区政府不仅延续和深化此前外引内联的思路，还进一步提出初步的区域一体化构想，希望借香港回归拓宽与香港的深度合作。

在转轨中后期，由于改革历程积累以及东欧剧变所提供的案例，使得学术界可以展开对特区路径在学理层面的讨论，不仅增进了人们对特区路径的理解，同时也为后续改革策略的设计提供借鉴。基于对制度安排跨区域平等的诉求，经济特区因为获得独占性优惠政策而遭遇批判；进而随着经济体制改革的推进，特区原有的独占性优惠政策被逐步取消或者普惠化。尽管经济特区政府力图通过率先改革继续保持特区的"特"，但是部分特区在发展过程中遭遇的挫折，加上一些非特区城市在经济上的快速崛起，依然使人们对经济特区前景产生了悲观的预期。这种悲观的预期一方面反映了当时的环境和现实，另一方面也体现了人们对特区和特区路径以及中国经济体制改革复杂性认知的不足。

## （三）体制完善期与全面深化改革期特区路径下经济体制改革思想

随着社会主义市场经济体制框架的基本建立，经济体制改革中的浅层次问题基本得到解决，例如在劳动工资制度中引入竞争、打破铁饭碗大锅饭，取消大部分产品、劳务和生产资料的价格管制等。但是许多改革的绩效不尽如人意，仍然需要通过进一步的改革加以完善，例如对非公有制经济的保护不足、政府公共服务质量不高、政府仍然过多干预企业运行等。另外，一些深层次和前一阶段未有顾及的问题的影响则逐步凸显，例如地区间恶性竞争与市场分割、经济增长的环境代价过大、城乡发展差距扩大等。最后，在前一阶段改革与发展进程中，中西部地区和东北地区在制度安排和经济发展水平上与东部沿海地区的差距逐渐拉大，这与追求共同富裕的改革发展目标背道而驰。为此，中央政府在新一轮改革中在东中西部地区先后设立 12 个不同类型的国家综合配套改革试验区，并且希望通过综合配套改革试验区的率先改革和发展实现改革的突破和带动区域发展。

在国家综合配套改革试验区中，深圳市、厦门市、上海浦东新区和天津滨海新区这类位于沿海发达地区的特区将改革重点放在进一步完善市场经济体制上，包括在基本经济制度方面深化国企和国有资产管理制度改革、进一步消除中小企业进入障碍、推进社会保障制度建设等；在市场体系建设与完善方面则包括完善市场体系构建、完善市场监管与法制环境建设等；而政府职能转变方面则重点放在深化行政体制改革和强化公共服务职能的履行上。位于西部的重庆市和成都市则将改革的着力点放在推动城乡统筹发展上，提出包括促进城乡公共服务均等化、消除农村劳动力进城的行政障碍、建立农村土地使用权流转市场等思路。位于中部的武汉城市圈和长株潭城市群则致力于探索经济增长与环境保护相兼容的体制机制。另外，沈阳经济区、山西省、义乌市以及两大平原这四个试验区也对传统工业基地升级转型、资源节约与环境保护等议题上进行重点改革试验。

与转轨前中期不同，中央政府在构建纵向经济体制时采取核准分权的方式进行改革权释放，同时在特殊政策的内涵上也以先行改革权为主，独占性优惠政策仅仅是辅助性质的。这一阶段的特区外部横向经济体制改革思路也比此前更为进取，不仅包括在特区框架内推进区域一体化的构想，还包括在特区框架外通过更高层级的一体化发展规划来减少地区间恶性竞争和消除市场障碍，使资源配置更有效率。随着新特区的设立，学术界也开始以转轨和发展的双视角来重新认识特区路径及中国经济体制改革，这些进展无疑会在将来影响下一阶段改革策略的设计。

### （四）小结

通过上述回顾，可以将特区路径下经济体制改革思想演变的脉络总结如下。

对于特区内部经济体制改革政策思想而言，从最初只有基本改革取向的探索性改革思路，到形成关于改革目标的系统构想；从政府对企业管理放权、劳动工资制度改革、市场价格管制放开这些最基本的市场化改革，到对国有企业进行股份制改造、构建完备的市场体系、完善市场规则和机构、政府行政审批缩减、建立健全社会保障体系等深化的市场化改革，再到强化政府公共服务职能、推动城乡公共服务均等化、进一步完善国有资产管理体制和市场体系建设改革、在资源环境领域引入市场机制，等等，形成了一幅市场机制不断取代政府行政命令和政府从无所不在的干预逐步走向专注公共服务的市场化改革图景。

对于特区外部经济体制改革政策思想而言，纵向经济体制领域从风险较大的发包释放改革权加上带有较多优惠经济政策倾斜的特殊政策，逐步转向风险较小的核准释放改革权加上以改革授权为核心、政策倾斜性较小的特殊政策；横向经济体制领域从外松内紧的类自由贸易区模式过渡到外引与内联并重，再到区域一体化构想的提出，形成了一幅改革思路不断完善，区域间市场、制度不断融合的图像。

对于有关经济体制改革特区路径的认识而言，特区从最初的开放窗口，拓展至改革的试点，又进一步深化为经济体制改革和区域经济发展的极点；而对特区路径的分析也从最初单纯从改革风险视角的探讨，拓展至要素资源流动与避免转轨陷阱，再到形成转轨经济学和发展经济学双角度的分析；对特区的批判则从最初的"姓资姓社"这类形而上学的批判，到对特区自身发展方式的检视，再到从国家宏观角度以及市场经济基本原则角度的批判，最后到由特区内部而发的对特区特殊性实质与发展前途的思考，又构成了一幅认知和理解不断深化的画卷。

三条线索相互交织、相互作用。在转轨前中期，对经济特区作用的理解从单纯的对外开放窗口扩展到对外开放窗口和体制改革试验点，使经济特区的外引内联从外松内紧模式迅速转变为外引内联并重模式，这种肯定性的理解又在一定程度上消除了特区租界论这类"姓资姓社"的疑虑，推动经济特区更为明确地选择了以建立按国际惯例办事的经济体运行体制的改革目标。在转轨中后期和体制完善期，取消特区经济特权、实现公平竞争的观点，在某种程度上推动了中央政府构建特殊政策思路的转变，使之更加侧重于改革权而非优惠政策，这一变化无疑也促使特区改革动机从特殊政策导向转变为根据自身发展需要进行自主改革导向。而随着特区路径下经济体制改革的推进，关于特区路径的经济学分析也逐步递进，等等。无疑，这三条线索的相互作用形成了一个关于特区路径下经济体制改革思想不断演化的动态画面。

## 二、特区路径下经济体制改革思想的领先性与一致性

不论是经济特区还是国家综合配套改革试验区，都被赋予了改革先行先试的改革权利，因此其至少在内部经济体制改革政策思想上必然具有一定的领先性，即特区内部经济体制改革政策思想在某种程度上表征着下一阶段全国经济体制改革的走向。与此同时，特区政府作为行政权力由上至下逐级授予的单一制政体中的地方政府，其经济体制改革政策思路又必然与中央政府所设定的全国经济体制改革思路相一致，即特区路径下经济体制改革思想相对于全国经济体制改革思想既有领先性又有一致性。

关于特区路径下经济体制改革思想的领先性，以转轨前中期特区内部经济体制改革政策思想为例视之。在具体改革领域层面，如 1983 年深圳市政府提出改革劳动工资制度，要"普遍实行合同制"和"基本工资、职务工资、浮动工资相结合的工资制度"，[①] 而在国家层面的改革中，试

---

① 梁湘：《政府工作报告》，深圳市档案馆档案，A7－1－56－10。

行劳动合同制的决定于 1983 年 2 月公布,① 试行企业工资与企业经济效益挂钩的决定于 1985 年 1 月做出②；又如海南省政府在 1988 年提出通过公开拍卖、实行股份多元化改革的方式对效益低下的国营（有）企业进行所有制改造，这一思路在 20 世纪 90 年代中后期成为全国范围国企改革的重要思路。在总体构思层面，1990 年深圳市政府所提出的"以公有制为主导""多种经济成分并存的所有制结构"的所有制结构设想在 1992 年中共十四大中被正式提出，而 1988 年海南省政府提出的所有制结构上不以某种所有制为主，"允许并鼓励各种所有制经济在平等条件下展开竞争和协作"的思路③，在国家层面的改革思路中，直到 1997 年中共十五大才正式提出让多种所有制经济共同发展的提法；又如，1988 年海南省政府提出的"小政府、大社会"的改革目标，不仅成为 1990 年浦东新区成立的改革目标，也实质上为政府职能转变思路提供了借鉴。

当改革进入转轨中后期、体制完善期乃至全面深化改革期后，特区路径下经济体制改革思想的领先性的表现逐渐减少。例如，在转轨中后期，经济特区政府所提出的建立现代企业制度、发展市场中介组织、完善市场体系、推动社会保障体系建立和完善以及切实转变政府职能等改革思路都在同时期中央政府的改革构思中有所体现，如建立现代企业制度和发展市场中介组织等措施，在 1993 年中共十四届三中全会通过的《中共中央关于建立社会主义市场经济体制若干问题的决议》中即有表述。在体制完善期，国家综合配套改革试验区所提出的通过基本公共服务均等化等手段统筹城乡发展、推进资源要素价格改革、探索排放权交易制度、建立区域内产业升级转移利益协调补偿机制等改革思路，则在《中共中央关于制定"十一五"规划的建议》以及 2007 年胡锦涛总书记所作的党的十七大报告

---

① 1983 年 2 月 22 日，劳动人事部发出《关于积极试行劳动合同制的通知》。劳动合同制的适用范围包括全民所有制单位和区、县以上集体所有制单位，包括普通工种和技术工种。在"新人新制度、老人老制度"过渡完成后，最终达到所有职工都试行劳动合同制。见刘树成、吴太昌主编：《中国经济体制改革 30 年研究》，经济管理出版社 2008 年版，第 486 页。

② 1985 年 1 月 5 日，国务院发出《关于国营企业工资改革问题的通知》，规定从 1985 年起，在国营大中型企业中试行职工工资与企业经济效益按比例浮动的办法。见刘树成、吴太昌主编：《中国经济体制改革 30 年研究》，经济管理出版社 2008 年版，第 490 页。

③ 梁湘：《海南建省的形势、目标与任务——在海南人民代表会议第一次会议上的报告》，引自海南年鉴编辑委员会编：《海南特区经济年鉴》（1989），新华出版社 1989 年版，第 13~23 页。

中有所体现，如党的十七大报告提出"统筹城乡发展……建立以工促农、以城带乡长效机制，形成城乡经济社会发展一体化新格局""推动区域协调发展……注重实现基本公共服务均等化，引导生产要素跨区域合理流动"①等。当然，在具体领域层面的政策构想上，国家综合配套试验区政府所提出的思路仍然具有领先性，中央政府的改革思路更多是指导性和全局性的。

如何理解特区路径下经济体制改革政策思想的领先性与一致性呢？笔者认为绝对不能单纯从领先性和一致性来判断改革思路是否进取或保守，更不能以此来评价某一个阶段的改革更有成效。事实上，如同第三章所指出的，所谓特区政府内部经济体制改革政策思想的领先性，其实质仍然是建立在改革思路与中央政府改革思路和精神保持一致的基础上的。特区政府的内部经济体制改革思想并没有脱离中央政府全国经济体制改革思路和规划单独空转，特区政府严格遵循中央政府的改革授权来构建自己的改革思路并实施相应的改革，许多具有领先性的改革思想实质上是对全国经济体制改革思想的边际突破。这种一致性与中国行政权力由上而下逐级制衡的行政治理结构是一致的。

从降低改革风险和摩擦的角度来看，特区政府和中央政府在经济体制改革政策思想上的一致性具有两方面的意义。其一，降低特区政府所面临的改革风险。当改革目标不明确、改革风险极大时，并非中央政府面临改革的风险，特区政府同样面临巨大的改革风险。这不仅仅是指特区政府面临着改革失败的风险，还包括传统意识形态对特区政府改革的责难和干扰，例如第五章第二节介绍的特区所面临的第一次批判。在这种条件下，只有当特区政府改革思路与中央政府改革思路保持内在一致时，特区政府才能够获得中央政府的坚强支持以降低风险。事实上，第一次批判的消弭也正反映了这一点，尤其是在邓小平同志1984年第一次考察深圳、珠海经济特区之后对特区发展做出肯定性评价之后。

其二，解决特区政府无法独立解决的改革问题。作为 M 型经济结构中的基层单元，特区政府所拥有的绝大部分改革授权仅能够行使于其辖区

---

① 胡锦涛：《高举中国特色社会主义伟大旗帜，为夺取全面建设小康社会新胜利而奋斗——在中国共产党第十七次全国代表大会上的报告》，引自中共中央文献研究室编：《十七大以来重要文献选编》（上），中央编译出版社2009年版，第1~43页。

内,对于特区外部横向经济体制的影响力则十分有限。随着改革的深入和经济的发展,对于减少地区间过度竞争、推动地区间合作的需求必然增加。然而,地方政府之间的竞争动机往往会阻碍地区间合作均衡的实现,甚至使处于同一竞争层面的各地方政府采取以邻为壑的策略,使地区间陷入恶性竞争状态。尽管理论上特区可以通过形成体制落差来在一定程度上将非合作均衡扭转为合作均衡,但是如此前所分析,当社会主义市场经济体制基本框架建立起来之后,继续维持转轨前中期那种特区内外两种体制截然不同的体制落差并不现实。在这种情况下,只有通过中央政府利用自身行政权力和资源,从全局净收益最大化的角度出发,设计改革方案并推动改革的进程,才有可能推动地区间合作的实现。这必然要求特区政府的经济体制改革政策思想要与中央政府保持高度的一致。

事实上,从上述两点分析来看,不仅不能以领先性和一致性来判断特区路径下改革思路是否进取或保守,以及对改革成效进行判断,相反,对领先性和一致性的理解应当从中国改革所面临的约束条件出发,理解一个强有力的中央政府对于中国经济体制改革顺利推进的极端重要性,才能对这种领先性和一致性有准确的把握。

## 第二节 特区路径下经济体制改革思想演变解析

### 一、解释框架

著名经济学家道格拉斯·诺思(Douglas C. North)提出主导信念与制度结构共生的观点,他认为"信念体系是人类行为的内在表现的具体体现。制度是人们施加给人类行为的结构,以达到人们希望的结果",而"主导信念——那些处在做决策位置的政治和经济企业家的信念——随着时间的推移促成决定经济和政治绩效的制度结构的共生",因此"理解经济变迁过程的关键在于促使制度发生变迁的参与者的意向性以及他们对问题的理解"。① 对特区路径下经济体制改革思想的演变进行解析，尤其是对特区内部和外部经济体制改革政策思想演变的解析，无疑也可以利用诺思所提出的主导信念与制度结构共生的观点，因为这些思想的提出者在很大程度上符合诺思所指的"政治和经济企业家"的特质，而相关经济体制改革政策思想也是能够影响制度结构的主导信念。②

在本书的导论中，笔者已经提出一个粗略的框架，即把特区内部和外部经济体制改革政策思想视为中央政府、特区政府和非特区地方政府博弈均衡的结果；把关于经济体制改革特区路径的探讨视为价值中立者的观点。这个框架可以进一步细化。根据此前的论述，可以认为相关经济体制改革思想是由中央政府、特区政府和保持价值中立的独立观察者三者所提出，而非特区地方政府则被视为环境变量。各决策主体的特征描述如下：

中央政府的决策目标是获得关于可在全国范围内推广的目标经济体制以及相关制度变迁的信息，并且选择合适的时机利用这些信息在全国范围内推动经济体制改革以实现经济体制改革与经济社会发展；而中央政府的约束条件则包括：（1）知识约束，中央政府无法在事前掌握所有关于目标体制和变迁方式的信息，只能通过对微观层面经济体制改革的事后观察来拓展知识集；（2）权力约束，中央政府拥有大量的经济管理权以及改革权可供向下释放，同时亦可收回这些权力，并且拥有选择放权方式、特区区位以及终止博弈等权力。

特区政府的决策目标通过经济体制改革推动本地区经济发展（以及官员获得政治收益），而特区政府的约束条件包括：（1）知识约束，特区政府同样无法完全在事前掌握所有关于经济体制改革的知识，但相比中央政府，特区政府对于微观和中观层面经济体制改革的知识更为丰富；（2）权力约束，特区政府作为地方政府只能从中央政府那里获得经济管理权以及

---

① 道格拉斯·诺思：《制度、制度变迁与经济绩效》，中译本，人民大学出版社2008年版，第3、47页。
② 在中国政治经济结构下，政府始终是最重要的制度安排供给主体，这使政府改革观念无可非议地成为改革的主导信念，而政府在推动经济增长上的重要作用则使其带有政治—经济企业家的色彩。

改革权，并以此推进改革；（3）风险约束，在分权改革中，特区政府作为独立决策个体必须面临经济体制改革失败的风险，改革失败的后果包括经济上的失败、经济管理权和改革权的收回以及政治上的惩戒等；（4）制度存量约束，制度安排具有自我强化的特性，当特区政府开启了市场化改革后，既有的改革成果会促使特区政府实施更进一步的改革。

价值中立的独立观察者保持价值判断中立，他们只根据特区路径下经济体制改革实践以及经济理论做出若干判断。由于这些判断是独立于价值偏好而形成的，因此对于中央政府和特区政府的决策会产生一定影响。

非特区地方政府的决策目标与特区政府的决策目标在本质上并无太大差异，不同的是其约束条件。在改革的特定阶段，非特区地方政府并没有获得类似于特区政府所获得的经济管理权以及改革权。因此，一方面，当非特区地方政府不能获得类似的经济管理权和改革权时，它们有动力与特区政府合作；另一方面，当它们有机会获得类似的权力时，也有动力与特区政府竞争。与特区政府类似，非特区地方政府也受到制度存量约束的影响，具体如图 6-1 所示。

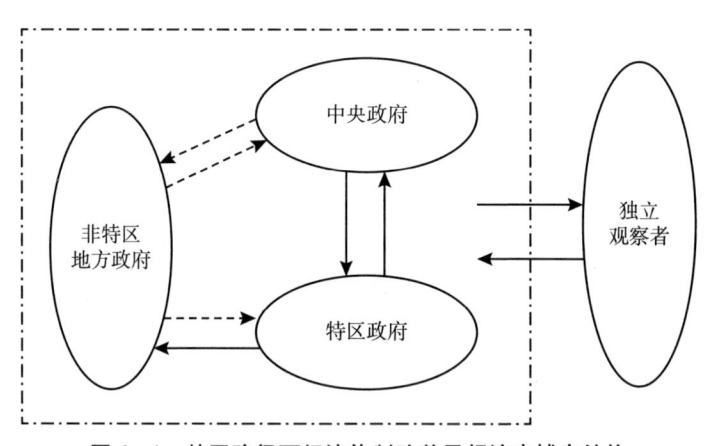

**图 6-1 特区路径下经济体制改革思想演变博弈结构**

由此，可以认为特区路径下经济体制改革思想是由如下博弈结构所决定的：在这个博弈结构中，中央政府基于自身的知识约束和权力约束形成包括分权方式、分权内容在内的经济体制改革主导信念，并结合其在国家行政权力结构中的地位使该主导信念成为能够影响特区政府行为的一组制度安排；与此同时，中央政府还接受来自特区政府、非特区地方政府以及独立观察者的反馈，并利用这些反馈修正自身的知识约束。特区政府基于自身目标函数，结合所受到的知识、权力、风险、制度存量等约束条件，形成关于特区内部经济体制改革的主导信念，在中央政府所施加的制度安排框架内将其主导信念转化成为经济体制改革实践，并将相关知识传递至中央政府、非特区地方政府以及独立观察者。与此同时，作为环境变量的非特区地方政府的行为特征，也促使中央政府和特区政府关于特区外部横向经济体制改革主导信念以及相关政策措施与制度安排的形成，并形成知识反馈。在此过程中，独立观察者对整个特区路径下经济体制改革实践进行观察，将观察结果与经济理论相结合形成若干关于经济体制改革特区路径的观点，并将这些观点反馈至各级政府，以参与主导信念的形成。

随着上述博弈的往复循环，博弈结构中各决策主体关于经济体制改革的知识不断丰富，经济体制改革也随之而推进；而经济体制改革的推进又进一步推动知识丰富，并促使特区路径下经济体制改革思想演变。

## 二、更细致的解释

### （一）转轨前中期

对于中央政府而言，尽管做出了改革开放的决策，但是对于经济体制改革总体目标的构想仍然处于未定状态，对于改革方案亦无系统性的构想，为降低经济体制改革风险，中央政府选择对广东、福建两省实行特殊政策和灵活措施，并将经济特区作为特殊政策和灵活措施的重要构成。为此，中央政府对特区外部经济体制改革采取以下思路：

（1）以发包方式释放改革权，以鼓励特区政府大胆探索，并降低传统体制对特区改革的阻碍；（2）特殊政策中包含实行推动对外开放的优惠政策以及促进特区发展积累的财政优惠；（3）在毗邻港澳台的边境地区设置特区，降低改革风险并且发挥区位优势；(4) 对于特区外部横向经济体制改革，在特区开放成效未定时选择外松内紧的思路以降低特区改革对内地的冲击，当特区开放初见成效时选择外引与内联并重的思路以发挥特区对内对外辐射示范作用。

对于经济特区政府而言，在特区初创时期，尽管独占性地享受了包含改革授权和各项优惠政策在内的特殊政策，但是由于缺乏改革知识与经验，其改革思路以探索性与试错性为主，即确立总体改革取向、不对改革总体目标作设想、强调对改革速度的控制、围绕对外开放的特殊政策对局部容易突破的领域进行改革；而当特区改革初见成效并获得中央政府肯定时，基于此前改革经验的积累，特区逐步形成系统的改革思路，不仅包括对改革总体目标的构想，还包括系统地改革领域选择以及更为进取的改革思路。同时，由于中央政府改革授权思路以发包分权为主，使特区政府面临较少的框架约束，因而特区政府的改革思路不仅在总体构思层面呈现较多的领先性，也在具体领域层面呈现出较多的领先性。从某种意义上讲，这种领先性加速了中国经济体制改革总体目标的确立，因为领先性的背后实质是思维的开放性，这在同样的时间内提供了更多关于改革总体目标的选项。这种思维上的开放性也受到中央政府的肯定，如邓小平同志所言："改革开放胆子要大一些，勇于试验……深圳的重要经验就是敢闯"。①

对于独立观察者而言，由于经济体制改革实践尚无足够的沉淀，因此其观点更多是基于事实的归纳总结和评论，而鲜有理论上的深刻分析。

在这一阶段，非特区地方政府无法获得类似于特区政府所获得的权限。基于这种体制落差，特区外部横向经济体制改革思想自然而然地形成以经济特区为窗口的外引内联构想。

### （二）转轨中后期

对于中央政府而言，经过此前的经济体制改革探索，最终确立了建立

---

① 邓小平：《在武昌、深圳、珠海、上海等地的谈话要点》，引自中共中央文献编辑委员会编：《邓小平文选》第三卷，人民出版社1993年版，第370~383页。

社会主义市场经济体制的改革总体目标与相关构思，同时也在重要领域的改革中积累了较多的经验，因此在纵向经济体制改革上的思路是逐步淡化对经济特区的特殊政策，包括取消某些优惠政策和将某些原为经济特区所独享的政策普惠化，从而推动全国范围的经济体制改革。

对于经济特区政府而言，特殊政策的消失是无法改变的现实，为了继续保持经济特区业已形成的体制优势则必须继续推进改革，由此其改革思路发生两个转变：(1) 从特殊政策导向转变为自主改革导向；(2) 从对传统体制重点改革转变成为率先建立社会主义市场经济体制而全面改革。而对特区外部横向经济体制改革，在既有体制优势尚未完全消失的情况下，其构思一方面自然延续此前外引内联的思路，另一方面，在预期体制优势将逐渐消失的条件下，为了拓展自身区位优势而提出区域一体化构想。

对于独立见解者而言，基于对中国经济体制改革历程的观察和对苏东国家转轨绩效的对比，加上经济理论的传播，开始形成对特区路径的经济学分析；同时，基于对市场经济体制的理解，亦对经济特区独占性地享有某些优惠政策提出价值判断与批判。而特区内部在特殊政策消失和特区发展受挫的情况下，对特区也产生了疑虑，这种疑虑最终推动对特区"特殊性"的更深刻的理解。

### (三) 体制完善期和全面深化改革期

对于中央政府而言，随着经济体制改革的推进，中央政府一方面积累了更多的改革经验与知识，从而可以设定更为清晰的改革总体目标与改革框架方案；另一方面，中央政府又面临更多领域的改革问题，包括城乡二元经济现象、区域内竞争同质化、地区发展不平衡等。在这种条件约束下，中央政府对特区外部纵向经济体制改革的思路变为：

(1) 采取核准方式释放改革权，使国家综合配套改革试验区的改革在总体思路上与自己的改革思路尽可能一致；(2) 在特殊政策的构建上，以改革授权为主，淡化经济优惠政策色彩，尽可能避免造成新的不公平，这也与特区对"特殊性"理解的转变有关；(3) 在特区区位选择上，强调全国范围的平衡发展，既选择了在东部沿海地区设置特区，也选择了在中西部内陆地区设置特区，这也与对特区功能理解加深有关；（4）在特区范围选择上，既有以特大城市中的区作为特区，也有以城市群甚至是省作为特区，试图解决区域内部恶性竞争等问题。

对于特区政府而言，在中央政府采取核准放权思路条件下，其改革思路必然在总体构思层面与中央政府的改革思路保持一致；另外，随着经济体制改革的推进，特区政府也面临更多的改革诉求。在这种约束条件下，特区政府的改革思路一方面是沿着此前改革思路将改革推进，如国企改革、政府职能转变、市场体系完善、金融体制改革等，另一方面则是将改革拓展至此前较少涉及的领域，如城乡发展、环境保护、产业升级等；此外，此前地区间恶性竞争的经历以及各地区市场经济体制基本框架的建立也促使特区政府在横向经济体制改革上采取区域经济一体化的思路。

对于理论界或者是试图站在更宏观层面对特区路径进行考察的独立观察者而言，随着改革的推进与理论的丰富，一方面是加深对国家综合配套改革试验区作用的理解，另一方面则是以更为全面的视角对特区路径进行分析。其所分析得到的结论和观点，不仅会增进人们对转轨经济学和发展经济学的理解，更会通过若干渠道对中央政府和特区政府的改革思路产生影响。

## 第三节　特区路径下经济体制改革思想的意义与局限性

### 一、特区路径下经济体制改革思想的意义

从总体上看，特区路径下经济体制改革思想的意义在于以下四个方面：

第一，为全国范围经济体制改革提供大量关于目标体制和改革方式的信息与方案，降低了全国范围经济体制改革的风险。这里的经济思想主要

是指特区内部经济体制改革政策思想与特区外部横向经济体制改革政策思想。经济体制改革是大规模的强制性制度变迁，改革的实施需要大量关于目标体制和改革方式的知识；只有当决策主体相关知识充分丰富时，改革的风险才会降低，否则以非理性的全知态度设计并推广改革方案，必然增大改革的风险；主要由特区政府供给的特区内部经济体制改革政策思想和特区外部横向经济体制改革政策思想，其实质是一系列关于目标体制和改革方式的信息与方案，这些信息和方案及其实施结果为全国范围内经济体制改革目标体制的形成和改革方案的设计提供了借鉴，同时也为全国尚未改革的地区提供了改革成本和收益的预期。转轨前中期经济特区政府的各种内部经济体制改革政策构想不仅在具体领域层面为全国改革提供了借鉴，更在总体目标层面为建立和完善社会主义市场经济体制这一改革目标的确立提供了知识依据。这种充分的知识储备极大地降低了全国范围经济体制改革的风险，使改革总是与经济平稳快速增长相伴随。与此同时，居民的生活水平也在稳步提高。

可以对比考察另外两个转轨国家，俄罗斯和乌克兰，两者的工业化水平不仅在苏联15个加盟共和国中都属于第一梯队，在全世界也属于前列。苏联解体后，俄罗斯选择了由美国经济学家杰弗里·萨克斯（Jeffrey Sachs）所提倡的休克疗法（shock therapy），试图通过快速的私有化来实现经济体制转轨；而乌克兰则选择积极向西方国家靠拢，以此实现经济体制转轨和经济增长。然而，尽管休克疗法在帮助拉丁美洲国家解决滞胀问题时取得了良好的疗效，经济体制快速转轨却并没有带来高速增长。相反，在经历过转轨的"阵痛"之后，持续的增长并没有出现，甚至是长时间的停滞。究其原因，过于激进的转轨策略、对转轨知识储备的不足都是造成转轨偏离最初目标的重要原因。

图6-2~图6-4分别是中国、俄罗斯和乌克兰的不变价格GDP（2010年美元）、不变价格人均GDP（2010年美元）和预期寿命。通过图6-1可以发现，中国的GDP在1980~2018年持续以稳定的速度增长，GDP取对数后斜率表征增长率。与中国形成对比的是俄罗斯和乌克兰，两者经历了20年（1990~2010年）的解体—转轨阵痛，前者GDP恢复到转轨前水平但自2008年以来增长乏力，后者GDP甚至没有恢复到解体—

转轨前最高值，而且自 2008 年以来不仅增长乏力，甚至出现衰退。

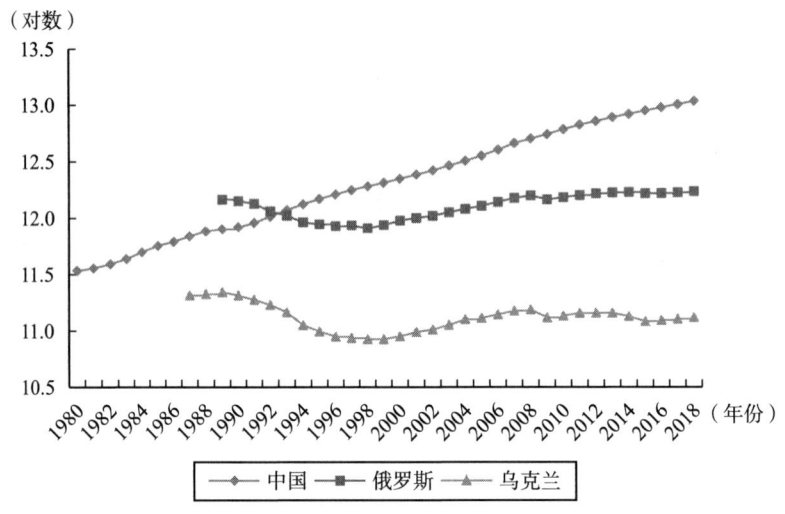

图 6－2　中国、俄罗斯、乌克兰 GDP（2010 年美元）

资料来源：世界银行。

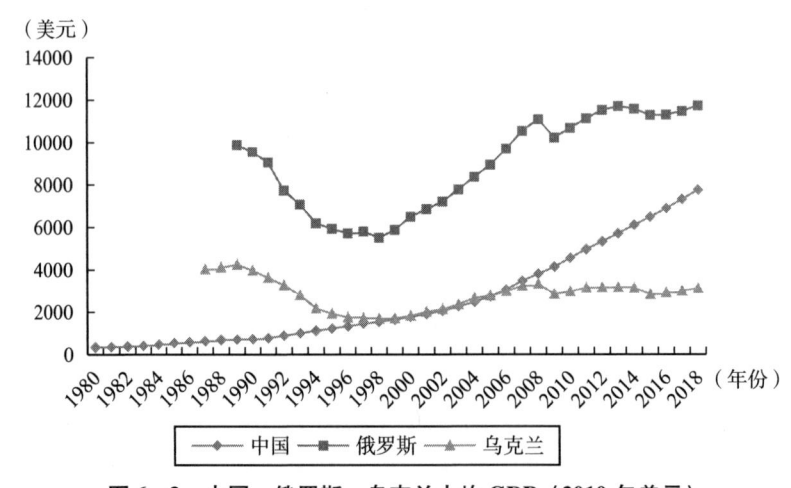

图 6－3　中国、俄罗斯、乌克兰人均 GDP（2010 年美元）

资料来源：世界银行。

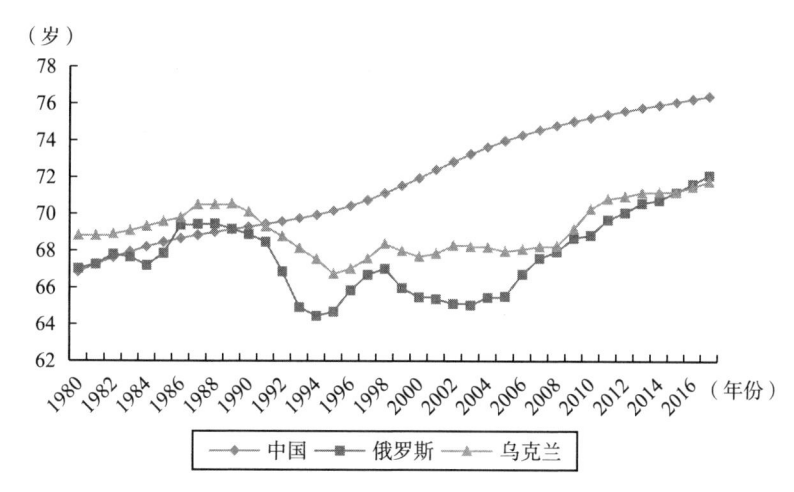

**图 6-4　中国、俄罗斯、乌克兰平均预期寿命**

资料来源：世界银行。

图 6-3 和图 6-4 更进一步展示了中国、俄罗斯和乌克兰三国在转轨期人均指标上的差异。在 1990 年，中国的人均 GDP 仅为俄罗斯的 7.6%、乌克兰的 18.4%；至 2018 年，中国的人均 GDP 已经达到俄罗斯的 66.1%、乌克兰的 249.3%。在 1990 年时，中国平均预期寿命与俄罗斯大致相当，略低于乌克兰；随着苏联解体和经济体制转轨，俄罗斯和乌克兰两国平均预期寿命出现大幅波动，而中国则是持续增长；至 2017 年，中国的平均预期寿命已经显著高于俄罗斯和乌克兰的平均预期寿命 4~5 年。

第二，为特区自身的经济体制改革和经济发展提供指引，并且通过知识外溢为全国其他地区经济体制改革和经济发展提供借鉴。这里的经济思想不仅包括特区内部与外部横向经济体制改革政策思想，还包括关于特区路径的探讨。特区政府自身所提出的内部和外部横向经济体制改革政策思想对于特区自身相关经济体制改革的指引作用自不必说，而关于特区路径的探讨，包括对特区的批判也都在某种程度上促使特区政府改革发展观念的转变，如陈文鸿博士的批判促使经济特区更快地转向推动实体经济发展的道路上，而关于"深圳被谁抛弃"的讨论则进一步推动了经济特区对"特"观念的转变，促使特区更快地转变为以内源性要求作为改革的驱动力。另外，相关经济体制改革思想通过知识外溢机制传递到全国其他尚未改革的地区，使这些地区的地方政府和微观个体也能够获得关于经济体制改革的相关知识，为这些地区进行经济体制改革提供借鉴思路，并且特区改革的成效也推动这些地区改革收益预期的形成，从而为特区以外地区改革和发展提供借鉴和支持。

第三，为中国后续经济体制改革模式设计提供借鉴。经济体制改革的特区路径在改革开放初期是一种寻求最佳的改革目标与改革方式的手段，并没有被视为今后改革模式——当转轨中后期经济特区色彩逐步淡化的时候，人们很少能预计到在下一阶段的改革中会出现国家综合配套改革试验区这类新特区。然而随着人们对特区路径的理解的不断深入以及优惠政策普惠化与取消原有经济特区政府观念的转变，又在一定程度上促使特区路径设计思路的改善，如改革授权方式、特殊政策设计以及特区区位选择思路的转换，这种改善强化了选择特区路径作为改革模式的立论依据，并且使特区路径成为改革实践中的选择。事实上，在体制完善期，除国家综合配套改革试验区之外，中央政府还设立了若干带有改革试验性质的特区，如义乌市国际贸易综合改革试点、温州市金融综合改革试验区；而地方层面也出现各类改革试验区，如山东省设立了东营、滨海、潍坊等5个综合配套改革试验区，浙江省设立了杭州、嘉兴、台州等7个侧重点各不同的综合配套改革试点区等，这些经济实践都表明，特区路径下经济体制改革思想实际上已经融入中国后续经济体制改革模式设计的思路中。

第四，为人们更好地理解经济体制改革历史提供了参考。对于特区路径下经济体制改革思想中的经济政策思想，如同诺思所言："理解经济变迁过程的关键在于促使制度发生变迁的参与者的意向性以及他们对问题的理解"，[①] 这些经济政策思想清晰地揭示了主导经济体制改革的各级政府对改革问题的认识与改革方案的构思，从而使人们可以更好地理解为何经济体制改革如此发生，而不是依据行为做出假设性解释。对于特区路径下经济体制改革思想中关于特区路径的经济学分析，这些精巧的理论分析扩

---

[①] 道格拉斯·诺思：《制度、制度变迁与经济绩效》，中译本，人民大学出版社2008年版，第3页。

大了人们从理性层面把握经济体制改革历史的工具选择集,也为进一步创造更为完善的理论分析提供了材料。

除上述意义之外,特区路径下经济体制改革思想及其实践还为转轨经济学、发展经济学以及城市经济学提供了中国思考。中国作为世界上人口最多的转轨国家和发展中国家,其转轨与发展实践,为经济学研究提供了一个与基于要素自由流动和完全竞争市场的标准模型完全不一样的研究对象——从经济学角度来看,中国的资本和劳动力等要素并非自由流动、市场则在一定程度上是分割的,并且地方政府拥有较强的干预能力。对于这样一个"非标准"的经济体,如何将其从封闭落后的状态迅速平稳地转变成开放发达的状态,特区路径下经济体制改革思想提供了具有借鉴意义的答案。事实上,人们应当反思,为何中国不断修正和改进马克思主义政治经济学的话语系统和分析工具,用其构建经济体制改革的策略并且取得了成功,而俄罗斯应用主流经济学的话语系统和分析工具制定自身转轨策略却失败了。

## 二、特区路径下经济体制改革思想的局限性

从总体上看,特区路径下经济体制改革思想是成功的,因为这些改革思想尤其是其中那些付诸实践的经济体制改革政策思想,使中国以较为平稳的步伐从计划经济体制转向市场经济体制,并且使中国从人均 GDP 仅 347.12 美元(1980 年数值,2010 年美元计价)的普遍贫穷状态变为人均 GDP 达到 7754.96 美元(2018 年数值,2010 年美元计价)的小康状态。然而这些实践上的成功并不意味着特区路径下经济体制改革思想是完美无缺的万灵药;相反,特区路径下经济体制改革思想是有其局限性的,这些局限性在一定程度上成为进一步经济体制改革所必须解决的问题。

笔者认为,最重要的局限性仍然源自地方政府作为经济体制改革的先行先试者和作为地区间竞争参与者之间的冲突。在特区路径下经济体制改革的构想中,不论改革内容是特区政府基于中央政府改革授权的自选动作,还是由中央政府事前核准的指定动作,特区政府都是特区内部经济体制改革的主导者。特区政府应当以自己在改革上的先行先试,为全国范围的改革提供可借鉴、可复制的路径。然而,在与地方政府相互竞争的条件

下特区政府是否会利用中央政府赋予的改革权去追求短期增长目标？或者是仅仅利用改革权制定一些只利于本地发展的经济政策，而不是利用改革权去进行真正的改革探索？等等，仍然是中央政府关注的重点。

从特区路径经济体制改革政策思想的实践来看，尽管每个特区政府在提出其改革思路时，都强调要将政府职能从对市场和企业运作的不断干预，转变为更好地履行对社会的公共服务上，并且要为全国其他地区提供改革经验；然而，并非所有特区政府都能够很好地实现这种构想，有的特区所实行的某些政策实际上强化了地区间竞争的激烈程度，甚至有些特区在改革进程中出现一些乱象。这些不尽如人意的改革实践结果，实际上都反映了特区路径下经济体制改革政策思想某种程度上的局限性——没能妥善处理地方政府作为经济体制改革的先行先试者和作为地区间竞争参与者之间的冲突。虽然，转轨前中期那种通过中央政府强行隔离特区与非特区所形成的体制落差有利于减少这种机会主义行为，但是当市场经济体制建立起来之后，继续长时间地维持高度的体制落差变得不可能，因此如何处理特区政府两重角色之间相互冲突仍然是一个亟待解决的问题。

当然，随着改革的进一步推进，必定会出现相应的解决思路与措施。事实上，从中央政府改变改革授权方式，到中央政府调整地方政府考核指标，再到由中央政府主导推动区域一体化，这些都是对特区路径下经济体制改革思想局限性的修正和突破。笔者认为，在进一步经济体制改革中，必然会遇到许多深层次的问题，而这些深层次问题的解决，必须要依靠中央政府强有力的领导和推进。对于特区路径的运用，同样必须要坚持依靠中央政府的领导。

## 第四节 结束语——异化中的重构

从总体上看，特区路径下经济体制改革思想可以用异化中的重构一语进行概括——所谓重构，是指经济体制及其构建思想的变革；所谓异化，其有两种理解：（1）中国经济体制改革是经济体制重构的过程，这一过程是通过中央政府有意识地在地方政府间实行差异化分权改革而完成的，而所对应的经济体制改革思想也围绕此而产生；可以说，特区路径的核心思维方式就是人为的在地区间形成差异化的制度环境，使原有经济体制逐步瓦解、新的经济体制不断成长，并最终实现全面的经济体制改革，因此以异化中的重构一语对相关经济体制改革思想进行总概括。（2）中国经济体制改革是在不打破原有体制核心框架、充分利用该框架的作用机制来实现的，如行政权力由上而下逐级制衡的政治结构以及 M 型经济结构；根据哲学上的解释，这种利用自身机制作用将原本互相依存的事物逐步分化为相互对立的事物的过程是异化；那么，中国经济体制改革就是通过异化来实现重构的——计划经济体制与市场经济体制是相互对立的，这种转换是在维持原有体制核心框架及其作用机制下完成的；因此可以异化中的重构一语对与特区路径下经济体制改革思想进行概括。很显然，前一种解释更接近于表象上的概括，而后一种解释则更加深刻一些。

本书第二章的图 2-1 和图 2-2 描绘了中国经济体制改革的起点和终点（至少是阶段性的终点），而没有对之间的过程进行描绘，如果以特区路径下的经济体制改革思想所反映出的改革思路作为起点与终点之间的桥梁，那么中国经济体制改革的过程应当如图 6-5～图 6-9 所示。

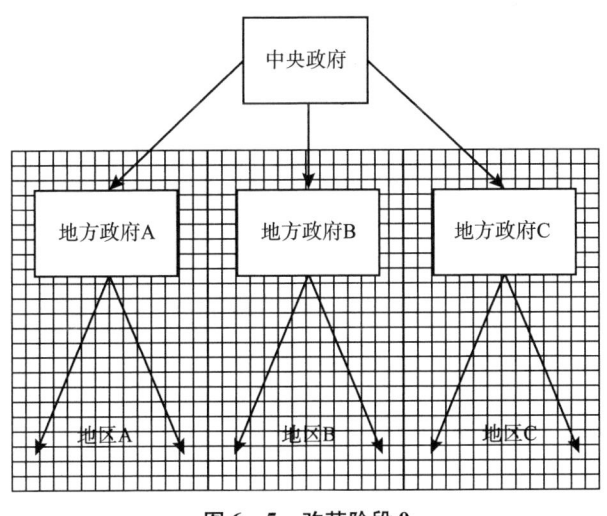

图 6-5　改革阶段 0

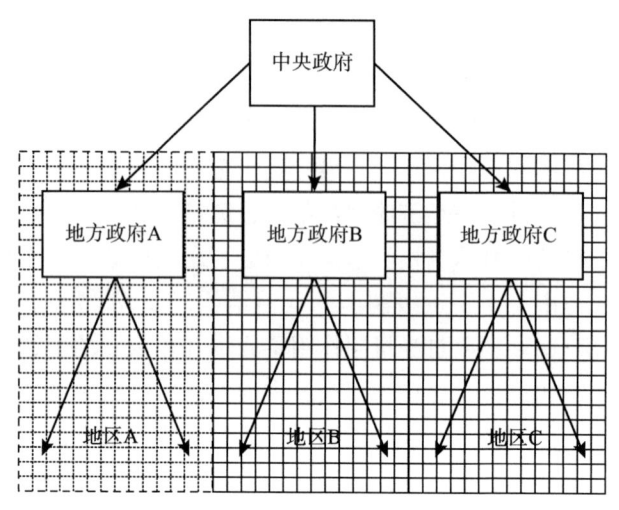

图 6-6　改革阶段 1

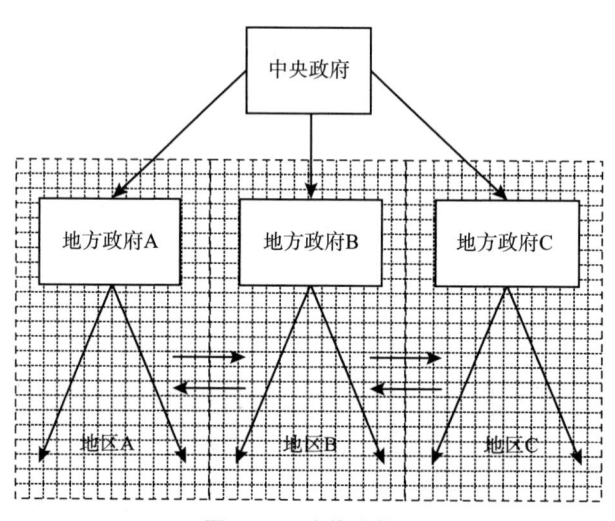

图 6-7　改革阶段 2

改革阶段 0，传统及计划经济体制，资源配置的主要方式是由上而下逐级分包的指令性计划，政府对经济实行较强的干预，地区间自主横向经济交往很少，如同彼此隔离的孤岛。

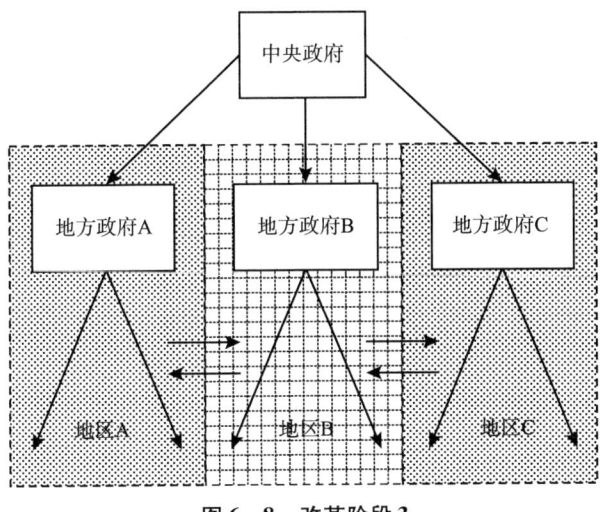

图 6-8　改革阶段 3

改革阶段 1，这大致相当于转轨前中期，中央政府优先减少对地区 A 的干预，使地方政府 A 先行改革，并在地区 A 进行市场化改革探索，尽管来自中央的指令性计划减少了，其他地区仍然维持原有体制不变。各地区内阴影代表政府干预程度，阴影越深则干预越多。由此市场经济体制开始引入中国。

改革阶段 2，这大致相当于转轨中后期，中央政府参照对地区 A 的政策，减少对地区 B 和地区 C 的干预，使地方政府 B 和地方政府 C 也在自身辖区内进行市场化改革，由此市场经济体制在各地区实现。与此同时，市场机制也开始在地区间作用，尽管地区间的市场障碍仍然很大，但已经出现自主的横向经济交流。

改革阶段 3，这大致相当于体制完善期，政府优先对地方政府 A 和地方政府 C 释放更多的改革权和经济管理权，使地区 A 和地区 C 的改革更进一步，地区间市场融合程度不断加强，地区间自主横向经济交往也越来越多，市场机制在全国范围而不是某个或多个地区内发挥作用。

改革阶段 4，这是改革的阶段性终点，经过若干次的改革，政府干预和市场机制实现有机融合，政府保持一定的干预能力以解决市场失灵的问题，同时市场机制的作用范围也越来越广。

图 6-9　改革阶段 4

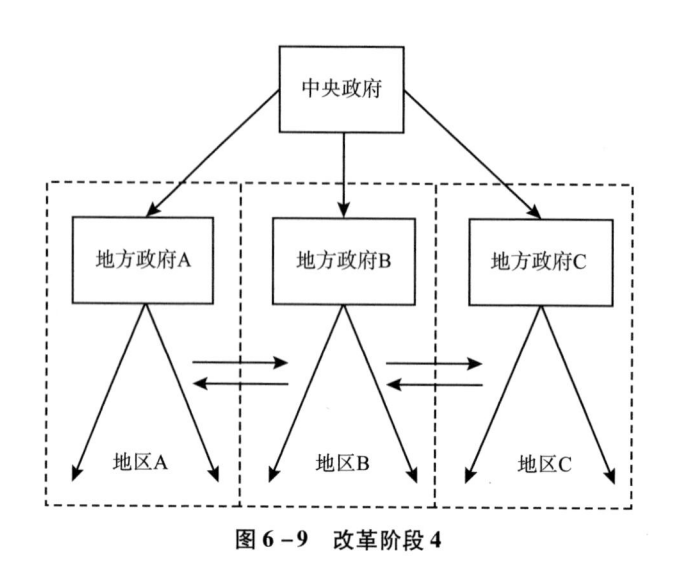

　　从上述过程不难看出特区路径下经济体制改革思想在总体上的两个基本特征：在中央政府差异化设置制度环境下实现经济体制改革；维持原有体制基本框架并依靠该基本框架作用实现经济体制改革。从逻辑上看，在维系原有体制核心框架的约束条件下实现改革，通过营造差异化的制度环境使局部地区率先生成新的经济体制，然后向原有经济体制扩散，以最终实现经济体制的重构，是一条必然的道路，它避免了大爆炸式的改革所带来的制度真空和混乱，使经济改革与经济增长相伴随。从实践来看，在现实世界中寻求全局最优策略的做法大多是徒劳无功的，人们只能在有限计算能力的约束下，在自身认知范围中搜寻局部范围内的最优策略，而既有的成功经验则往往是下一阶段行动策略的首要选项，由此形成一种实践策略上的路径依赖。事实上，中国经济体制改革的实践也大致是按照上述过程描述的进行，这种改革策略的相似性——在改革特定阶段设立特区以推动改革，充分证明了设立特区这种改革举措并不是权宜之计，而是中国经济体制改革的路径。尽管不能说特区路径是中国经济体制改革的最佳路径，很显然如果作此表述将意味着我们已经达到全知全能的地步，但至少可以说，由特区路径下经济体制改革思想所集中反映出的改革思路为今后的改革提供了一条可供参考且成功的道路。

# 参考文献

[1] 曹锡仁、鲁兵:《现代化背景下的海南大特区》,海南出版社2008年版。

[2] 陈乔之:《各国经济特区》,江西人民出版社1994年版。

[3] 陈文灿、金晓斌:《中国经济特区研究》,复旦大学出版社1996年版。

[4] [美]道格拉斯·诺思:《西方世界的兴起》,中译本,华夏出版社1989年版。

[5] [美]道格拉斯·诺思:《经济史上的结构和变革》,中译本,商务印书馆2005年版。

[6] [美]道格拉斯·诺思:《理解经济变迁过程》,中译本,中国人民大学出版社2007年版。

[7] [美]道格拉斯·诺思:《制度、制度变迁与经济绩效》,中译本,格致出版社、上海人民出版社2008年版。

[8] 邓小平:《邓小平文选》第三卷,人民出版社1993年版。

[9] 樊纲:《两种改革成本与两种改革方式》,载于《经济研究》1993年第1期。

[10] 樊纲、胡永泰:《"循序渐进"还是"平行推进"?——论体制转轨最优路径的理论与政策》,载于《经济研究》2005年第1期。

[11] 樊纲等:《中国经济特区研究——昨天和明天的理论与实践》,

中国经济出版社2009年版。

［12］方生：《对特区经济几个问题的认识》，载于《深圳大学学报》1984年第1期。

［13］方晓丘：《我国试办经济特区的必要性及其基本特点》，载于《福建论坛（社科教育版）》1981年第4期。

［14］方卓芬：《论经济特区的性质》，载于《经济研究》1981年第8期。

［15］［美］傅高义：《先行一步：改革中的广东》（第二版），广东人民出版社2008年版。

［16］广东省档案馆：《改革开放三十年重要档案文献·广东：1~5卷》，中国档案出版社2008年版。

［17］广东省委研究室编：《广东改革开放决策者访谈录》，广东人民出版社2009年版。

［18］海南年鉴编辑委员会：《海南年鉴》（1991），新华出版社1991年版。

［19］海南省人民政府社会经济发展研究中心、海南高科技产业国际合作中心合编：《海南年鉴》（1990），新华出版社1990年版。

［20］海南特区经济年鉴编辑委员会编：《海南特区经济年鉴》（1989），新华出版社1989年版。

［21］黄少安：《制度变迁主体角色转换假说及其对中国制度变革的解释——兼评杨瑞龙的"中间扩散型假说"和"三阶段论"》，载于《经济研究》1999年第1期。

［22］黄少安：《关于制度变迁的三个假说及其验证》，载于《中国社会科学》2000年第4期。

［23］江曙霞等：《改革开放中的地方政府：厦门变迁30年标本考察》，格致出版社、上海人民出版社2008年版。

［24］江潭瑜主编，邢锋、李凤亮副主编：《深圳改革开放史》，人民出版社2010年版。

［25］蒋顺章：《"要把深圳特区办得更好！"——访新任深圳市市长李灏》，载于《瞭望》1985年第44期。

[26] [英] 卡尔·波普尔：《开放社会及其敌人》（第一、二卷），中译本，中国社会科学出版社 2007 年版。

[27] 柯武刚、史漫飞：《制度经济学——社会秩序与公共政策》，商务印书馆 2000 年版。

[28] [意] 克罗奇·贝奈戴托：《历史学的理论和实际》，商务印书馆 2005 年版。

[29] 乐正主编，黄发玉副主编：《深圳之路》，人民出版社 2010 年版。

[30] 李南玲、丁时照：《杀出市场经济"血路"来》，载于《深圳商报》2008 年 9 月 4 日。

[31] 李仁君编著：《海南特区区域经济合作研究》，海南出版社、南方出版社 2008 年版。

[32] 廖月晖主编：《中国经济特区发展史》，海天出版社 1999 年版。

[33] 林崇钧：《论邓小平关于开办经济特区的理论》，载于《华南理工大学学报（社会科学版）》2004 年第 10 期。

[34] 林毅夫、蔡昉、李周：《论中国经济改革的渐进式道路》，载于《经济研究》1993 年第 9 期。

[35] 刘国光主编，梁文森副主编：《深圳特区发展战略研究》，香港经济导报社深圳特区经济研究中心，1984 年。

[36] [美] 刘海善，陈薇译：《中国经济特区：从深圳到上海的特区政策变迁与现代化新路径》，上海人民出版社 2008 年版。

[37] 刘剑雄：《财政分权、政府竞争与政府治理》，人民出版社 2009 年版。

[38] 刘茂才等著：《邓小平与特区理论研究》，四川人民出版社 2001 年版。

[39] 刘树成、吴太昌主编：《中国经济体制改革 30 年研究》，经济管理出版社 2008 年版。

[40] 鲁兵：《海南特区发展史论》，海南出版社、南方出版社 2008 年版。

[41] 鲁兵、徐冰：《中国大特区的十年变革》，海南出版社、南方出版社 2008 年版。

［42］罗海平：《基于马克思主义经典作家的经济特区理论溯源》，载于《深圳大学学报（人文社会科学版）》2011 年第 5 期。

［43］罗海平：《经济特区与中国的转型路径》，载于《云南财经大学学报》2011 年第 4 期。

［44］罗清和：《经济发展中的产业战略——以深圳为背景对产业发展的应用分析》，中国经济出版社 1999 年版。

［45］罗清和：《特区经济学导论》，中央编译出版社 2001 年版。

［46］罗清和、蔡腾飞、李佩：《新时期经济特区还要特下去》，载于《深圳大学学报（人文社会科学版）》2008 年第 11 期。

［47］罗清和、张克听：《特区经济学》，中国社会科学出版社 2018 年版。

［48］［英］罗素：《哲学问题》，商务印书馆 2008 年版。

［49］吕炜：《经济转轨理论大纲》，商务印书馆 2006 年版。

［50］马进保、易志华：《粤港澳经贸关系的法律调整》，群众出版社 2006 年版。

［51］马涛：《经济思想史教程》，复旦大学出版社 2002 年版。

［52］毛立言、陈永民：《邓小平经济特区思想研究》，鹭江出版社 1995 年版。

［53］欧大军、梁钊：《邓小平经济特区理论》，载于《当代中国史研究》2004 年第 7 期。

［54］彭立勋主编：《邓小平经济特区建设理论与实践》（第 2 版），湖北人民出版社 1998 年版。

［55］彭心安：《邓小平建设特区的设想与厦门特区的发展》，载于《理论前沿》2004 年第 16 期。

［56］全国人民代表大会常务委员会法制工作委员会编：《中华人民共和国法律汇编（1954～2004）》，人民出版社 2004 年版。

［57］厦门经济特区年鉴编辑委员会编：《厦门经济特区年鉴》(1986)(1990～2001)，中国统计出版社 1986 年版、2001 年版。

［58］汕头经济特区年鉴编纂委员会编：《汕头经济特区年鉴》(1989～1990)(1992)，广东人民出版社 1990 年版、1992 年版。

[59] 汕头经济特区年鉴编纂委员会编：《汕头经济特区年鉴》(1991)，岭南美术出版社1991年版。

[60] 汕头经济特区年鉴编纂委员会编：《汕头经济特区年鉴》(1993~1994)，汕头大学出版社1994年版。

[61] 汕头经济特区年鉴编纂委员会编：《汕头经济特区年鉴》(1996~1998)，香港经济导报社1998年版。

[62] 汕头经济特区年鉴编纂委员会编：《汕头经济特区年鉴》(1999)，新世纪出版社1999年版。

[63] 汕头经济特区年鉴编纂委员会编：《汕头经济特区年鉴》(2000)，汕头经济特区年鉴编纂委员会2000年版。

[64] 邵汉青主编：《邓小平理论与深圳实践》，海天出版社1998年版。

[65] 深圳经济特区年鉴编辑委员会编：《深圳经济特区年鉴》(1986)，香港经济导报社1986年版。

[66] 深圳经济特区年鉴编辑委员会编：《深圳经济特区年鉴》(1987)，红旗出版社1987年版。

[67] 深圳经济特区年鉴编辑委员会编：《深圳经济特区年鉴》(1988~1991)，广东人民出版社1991年版。

[68] 深圳经济特区年鉴编辑委员会编：《深圳经济特区年鉴》(1992~1996)，深圳特区年鉴出版社1996年版。

[69] 深圳年鉴编辑委员会编：《深圳年鉴》(1997~2000)，深圳特区年鉴出版社2000年版。

[70] 沈德理：《非均衡格局中的地方自主性》，中国社会科学出版社2004年版。

[71] [冰岛] 思拉恩·埃格特森：《经济行为与制度》，商务印书馆2004年版。

[72] 宋子和、林浩、钟润民：《论经济特区在经济体制改革中的地位和作用》，载于《南方经济》1984年第3期。

[73] 苏东斌：《中国经济特区的路径依赖——对胡锦涛总书记考察深圳的理论思考》，载于《学术研究》2003年第7期。

[74] 苏东斌、钟若愚：《中国经济特区导论》，商务印书馆 2010 年版。

[75] 苏东斌、钟若愚：《中国经济特区的时代使命》，载于《深圳大学学报（人文社会科学版）》2010 年第 5 期。

[76] 苏东斌、钟若愚主编：《曾经沧海——深圳经济体制创新考察》，广东经济出版社 2004 年版。

[77] 苏东斌主编：《中国经济特区史略》，广东经济出版社 2001 年版。

[78] 孙孺：《关于广东设置经济特区的理论与实际》，载于《学术研究》1980 年第 4 期。

[79] 孙森主编：《天津滨海新区金融自主创新研究》，中国金融出版社 2007 年版。

[80] 谭兵、符琼光等编著：《海南经济特区立法研究》，海南出版社、南方出版社 2008 年版。

[81] 汤锦森、陈应春主编，王斌康编著：《股份合作经济理论与实证研究：兼论罗湖区社区型股份合作经济》，中国经济出版社 2003 年版。

[82] 汤文山：《深港经济合作的理论与实践》，人民出版社 2010 年版。

[83] 陶一桃：《经济特区与中国道路》，载于《深圳大学学报（人文社会科学版）》2010 年第 3 期。

[84] 陶一桃：《从经济特区谈中国道路的实质与内涵》，载于《社会科学战线》2018 年第 6 期。

[85] 陶一桃、鲁志国主编：《中国经济特区史论》，中央编译出版社 2008 年版。

[86] 陶一桃、鲁志国主编：《中国经济特区史要》，商务印书馆 2010 年版。

[87] 陶一桃、鲁志国等著：《经济特区与中国道路》，社会科学文献出版社 2017 年版。

[88] 陶一桃主编：《深圳经济特区年谱》，中国经济出版社 2008 年版。

[89] 陶一桃主编：《深港粤公共经济制度比较研究》，人民出版社 2010 年版。

[90] 王爱俭主编：《滨海新区金融创新与人民币国际化研究：兼论汇率政策利率政策的协调》，科学出版社 2009 年版。

[91] 王昉：《中国古代农村土地所有权与使用权关系——制度思想演进的历史考察》，复旦大学出版社 2005 年版。

[92] 王关义：《中国五大经济特区可持续发展战略研究》，经济管理出版社 2003 年版。

[93] 王家庭：《国家综合配套改革试验区与区域经济发展研究》，载于《天津师范大学学报（社会科学版）》2006 年第 4 期。

[94] 王家庭：《国家综合配套改革试验区制度创新的空间扩散机理分析》，载于《南京社会科学》2007 年第 7 期。

[95] 王家庭：《国家综合配套改革试验区的理论与实证研究：以天津滨海新区为例》，南开大学出版社 2009 年版。

[96] 王硕：《改革开放史上的特区货币问题》，载于《百年潮》2008 年第 1 期。

[97] 王永钦、张晏、章元、陈钊、陆铭：《中国的大国发展道路——论分权式改革的得失》，载于《经济研究》2007 年第 1 期。

[98] 我为伊狂：《深圳，谁抛弃了你》，江苏人民出版社 2003 年版。

[99] 香港中国经济特区年鉴编辑部编：《中国经济特区年鉴》（1983）（创刊号），中国经济特区年鉴出版社 1983 年版。

[100] 香港中国经济特区年鉴编辑部编：《中国经济特区年鉴》（1984）（开放号），中国经济特区年鉴出版社 1984 年版。

[101] 熊哲文：《法制视野中的经济特区：中国经济特区法制建设创新研究》，法律出版社 2006 年版。

[102] 许涤新：《积极、稳步地办好经济特区》，载于《福建论坛（社科教育版）》1981 年第 4 期。

[103] 许经勇：《邓小平理论·市场经济·经济特区》，载于《特区经济》2004 年第 4 期。

[104] 许经勇：《论经济特区的演变趋势：从政策驱动为主向创新驱动为主转变》，载于《福建论坛（人文社会科学版）》2010 年第 9 期。

[105] 许卓云：《先行一步的变革：广东市场经济发展的理论与实践》，广东人民出版社 2004 年版。

[106] 徐现祥、陈小飞：《经济特区：中国渐进改革开放的起点》，

载于《世界经济文汇》2008 年第 1 期。

[107] 严国海:《中国古代国家所有制思想研究》,世界图书出版公司 2011 年版。

[108] 杨建文、胡晓鹏:《综合配套改革:基于沪津深的比较研究》,载于《上海经济研究》2007 年第 3 期。

[109] 杨瑞龙:《论我国制度变迁方式与制度选择目标的冲突及其协调》,载于《经济研究》1994 年第 5 期。

[110] 杨瑞龙:《我国制度变迁方式转换的三阶段论——兼论地方政府的制度创新行为》,载于《经济研究》1998 年第 1 期。

[111] 杨瑞龙、杨其静:《阶梯式的渐进制度变迁模型——再论地方政府在我国制度变迁中的作用》,载于《经济研究》2000 年第 3 期。

[112] 杨润时主编:《邓小平特区建设思想与实践》,中央文献出版社 1993 年版。

[113] 杨润时主编:《邓小平特区建设思想研究》,社会科学文献出版社 1994 年版。

[114] 姚望:《特区应该怎样走向世界——深圳特区考察报告》,载于《管理世界》1986 年第 1 期。

[115] 姚洋:《作为制度创新过程的经济改革》,格致出版社、上海人民出版社 2008 年版。

[116] 余其铨、董本建主编:《历史性的跨越——邓小平特区理论与深圳改革开放实践》,改革出版社 1995 年版。

[117] 余其铨主编:《邓小平哲学思想与深圳实践》,中央文献出版社 2001 年版。

[118] 俞可平、倪元辂主编:《海外学者论中国经济特区》,中央编译出版社 2000 年版。

[119] 袁易明主编:《中国经济特区研究》(第一~第三辑),社会科学文献出版社 2010 年版。

[120] [美] 约瑟夫·熊彼特:《经济分析史》(第一卷),中译本,商务印书馆 2001 年版。

[121] 张换兆、郝寿义:《国家综合配套改革试验区与制度的空间演

化分析》，载于《财经研究》2007年第1期。

［122］张曙光：《地区经济发展和地方政府竞争》，引自《中国转型中的制度结构与变迁》，经济科学出版社2005年版。

［123］张卓元主编：《政治经济学大辞典》，经济科学出版社1988年版。

［124］赵启正：《浦东逻辑——浦东开发与经济全球化》，上海三联书店2007年版。

［125］赵晓雷：《中华人民共和国经济思想史纲》，首都经济贸易大学出版社2009年版。

［126］赵晓雷：《中国工业化思想及发展战略研究》，上海财经大学出版社2010年版。

［127］中共中央文献研究室编：《三中全会以来重要文献选编》（下），人民出版社1982年版。

［128］中共中央文献研究室编：《十二大以来重要文献选编》（上、中、下），人民出版社1986年版、1988年版。

［129］中共中央文献研究室编：《十三大以来重要文献选编》（上、中、下），人民出版社1991年版、1993年版。

［130］中共中央文献研究室编：《十四大以来重要文献选编》（上、中、下），人民出版社1996年版、1997年版、1999年版。

［131］中共中央文献研究室编：《十五大以来重要文献选编》（上、中、下），人民出版社2000年版、2001年版、2003年版。

［132］中共中央文献研究室编：《十六大以来重要文献选编》（上、中、下），中央文献出版社2005年版、2006年版、2008年版。

［133］中共中央文献研究室编：《十七大以来重要文献选编》（上、中），中央文献出版社2009年版、2011年版、2013年版。

［134］中共中央文献研究室编：《十八大以来重要文献选编》（上、中、下），中央文献出版社2014年版、2016年版、2018年版。

［135］钟坚：《江泽民新时期经济特区发展思想探讨》，载于《深圳大学学报（人文社会科学版）》2000年第6期。

［136］钟坚：《江泽民经济特区思想的内涵与价值》，载于《深圳大

学学报（人文社会科学版）》2002 年第 11 期。

[137] 钟坚：《论邓小平的经济特区思想》，载于《深圳大学学报（人文社会科学版）》2004 年第 7 期。

[138] 钟坚：《世界经济特区发展模式研究》，中国经济出版社 2006 年版。

[139] 钟坚：《效率兼公平：改革与发展新模式》，引自曹龙骐主编《寻觅"根""魂"——中国经济特区改革创新路径探索》，人民出版社 2009 年版。

[140] 钟坚、郭茂佳、钟若愚主编：《中国经济特区文献资料》（第一、二、三辑），社会科学文献出版社 2010 年版。

[141] 钟坚主编，罗清和、钟若愚副主编：《中国经济特区发展报告（2010）》，社会科学文献出版社 2010 年版。

[142] 钟祥财：《经济思想的涵义及其史的写法》，载于《上海经济研究》2004 年第 10 期。

[143] 周诚主编：《中国房地产市场年鉴》，中国计划出版社 1996 年版。

[144] 周洪晋主编，黄忆军、丁匡一编著：《海南经济特区 20 年（经济卷）》，南海出版公司 2008 年版。

[145] 周洪晋主编，张旭新、咏梅、冯淑兰编著：《海南经济特区 20 年（政治卷）》，南海出版公司 2008 年版。

[146] 周金泉：《海南特区发展战略的演变、整体效应及其评价》，南方出版社、海南出版社 2008 年版。

[147] 周黎安：《晋升博弈中政府官员的激励与合作——兼论我国地方保护主义和重复建设问题长期存在的原因》，载于《经济研究》2004 年第 6 期。

[148] 周黎安：《转型中的地方政府——官员激励与治理》，格致出版社、上海人民出版社 2008 年版。

[149] 周文彰：《特区导论》，海南出版社、南方出版社 2008 年版。

[150] 周振华：《体制变革与经济增长——中国经验与范式分析》，上海三联书店、上海人民出版社 1999 年版。

[151] 朱德米:《经济特区与中国政治发展》,重庆出版社 2004 年版。

[152] 朱剑如、吴仁德:《从经济地理角度评价中国的经济特区》,载于《地理学报》1983 年第 9 期。

[153] 朱镕基:《朱镕基答记者问》,人民出版社 2009 年版。

[154] 珠海年鉴编纂委员会编:《珠海年鉴》(1987~1994),广东人民出版社 1994 年版。

[155] 珠海年鉴编纂委员会编:《珠海年鉴》(1995~2000),珠海出版社 2000 年版。

[156] Aoki Masahiko. 2001. *Toward a Comparative Institutional Analysis*, Cambridge MT & London England: The MIT Press.

[157] Berlin Isaiah. 1969. *Four Essays on Liberty*, London and New York etc: Oxford University Press.

[158] Brandt Loren, Rawski. Thomas G. . 2008. *China's Great Economic Transformation*, Cambridge, New York, etc. : Cambridge University Press.

[159] Crane George T. 1994. Special Things in Special Ways: National Economic Identity and China's Special Economic Zones, *The Australian Journal of Chinese Affairs*, Number 32, July.

[160] Ge Wei. 1999a. Special Economic Zones and the Opening of the Chinese Economy: Some Lessons for Economic Liberalization, *World Development*, Volume 27, Issue 7, July: 1267 – 1285.

[161] Ge Wei. 1999b. *Special Economic Zones and the Economic Transition in China*, Singapore: World Scientific Publishing Co. Pte. Ltd.

[162] Gordon Roger H. , Li Wei. 2001. *Provincial and Local Governments in China: Fiscal Institutions and Government Behavior*, NBER Working Paper 16694, 1.

[163] Jones Derek C. , Li Cheng, Owen. Ann L. 2003. Growth and Regional Inequality in China during the Reform Era, *China Economic Review*, Volume 14, Issue 2: 186 – 200.

[164] Litwack John M. , Qian Yingyi. 1998. Balanced or Unbalanced Development: Special Economic Zones as Catalysts of Transition, *Journal of Com-*

*parative Economics*, Issue 1.

［165］Park Jung – Dong. 1997. *The Special Economic Zones of China and Their Impact on its Economic Development*, Westport CT: Praeger Publishers.

［166］Popper Karl R. . 1998. *Science: Conjectures and Refutations*, Science Reason and Reality: Issue in the philosophy of science, Wadsworth.

［167］Qian Y. , Roland and Xu C. 1988. Coordinating Changes in M – Form and U – Form Organizations, Mimeo, *European Center for Advanced Research in Economics and Statistics*, Universite Libre de Bruxelles.

［168］Qian Y. , Roland Gerard. 1998. Federalism and the Soft Budget Constraint, *American Economic Review*, Volume 88, Number 5: 1143 – 1162.

［169］Qian Y. , Weingast Barry R. . 1996. China's Transition to Markets: Market-preserving Federalism, Chinese style, *Policy Reform*, 1.

［170］Qian Y. , Weingast Barry R. . 1997. Federalism as a Commitment to Preserving Market Incentives, *Journal of Economic Perspective*, Volume 11, Number 4.

［171］Ramo Joshua Cooper. 2004. *The Beijing Consensus*, London: the Foreign Policy Centre.

［172］Rodrik Dani. 2006. Goodbye Washington Consensus, Hello Washington Confusion? A Review of the World Bank's Economic Growth in the 1990s: Learning from a Decade of Reform, *Journal of Economic Literature*, Volume 44, Number 4, December: 973 – 987.

［173］Roland Gerard. 2000. *Transition and Economics: Politics, Markets, and Firms*, Cambridge MT & London England: the MIT Press.

［174］Sarma E. A. S. . 2007. Help the Rich, Hurt the Poor: Case of Special Economic Zones, *Economic and Political Weekly*, Volume 42, No 21, May 26 – June 1.

［175］Tiebout C. . 1995. A Pure Theory of Local Expenditures, *Journal of Political Economy*, Volume 64: 416 – 424.

［176］Wall David. 1993. China's Economic Reform and Opening-up Process: the Role of the Special Economic Zones, *Development Policy Review*,

Volume 11, Issue 3, September: 243-260.

[177] Weingast Barry R.. 1995. The Economic Role of Political Institutions: Market-Preserving, Federalism and Economic Growth, *Journal of Law, Economics and Organization*, Number 11: 1-11.

[178] Wu Weiping. 1999. *Pioneering Economic Reform in China's Special Economic Zones: the Promotion of Foreign Investment and Technology Transfer in Shenzhen*, Aldershot, Brookfield USA, Singapore & Sydney: Ashgate Publishing Ltd.

[179] Yeung Yue-man, Lee Joanna, Kee Gordon. 2009. China's Special Economic Zones at 30, *Eurasian Geography and Economics*, Volume 50, Number 2, March-April: 222-240.

[180] Young Alwyn. 2000. The Razor's Edge: Distortions and Incremental Reform in the People's Republic of China, *Quaterly Journal of Economics*, Volume 115, Number 4: 1091-1135.

[181] Yusuf Shahid, Nabeshima. Kaoru, Perkins. Dwight H. 2006. *Under New Ownership: Privating China's State-Owned Enterprises*, The World Bank and Stanford University Press.

附：重要网络资料来源：

[182] 成都市人民政府门户网站，www.chengdu.gov.cn。

[183] 广东省人民政府门户网站，www.gd.gov.cn。

[184] 国家发展和改革委员会门户网站，www.ndrc.gov.cn。

[185] 海南史志网，www.hnszw.org.cn。

[186] 湖北省人民政府门户网站，www.hubei.gov.cn。

[187] 湖南省人民政府门户网站，www.hunan.gov.cn。

[188] 山西省发展和改革委员会门户网站，www.sxdrc.gov.cn。

[189] 上海市人民政府门户网站，www.shanghai.gov.cn。

[190] 深圳市人民政府门户网站，www.sz.gov.cn。

[191] 天津市人民政府门户网站，www.tj.gov.cn。

[192] 中国国家统计局，www.stats.gov.cn。

[193] 重庆市人民政府门户网站，www.cq.gov.cn。

# 后　记

　　这部专著是由笔者在上海财经大学经济学院经济思想史专业就读时所作博士论文修改而成。从经济体制改革的空间顺序角度来看，中国经济体制改革呈现出鲜明的试验—推广特征，而这一特征最集中的表现莫过于在经济体制改革的特定阶段设立经济特区或国家综合配套改革试验区的举措。笔者将这种改革方式称为特区路径。值得注意的是，特区路径的实施不仅是中央政府单独行动或特区政府单独行动的结果，更是各级政府同时采取行动所达成的均衡。

　　基于这一信念，笔者尝试以一种新的考察中国经济体制建设思想。具体而言，研究没有以中央政府或特区政府为讨论中心，而是根据均衡涉及的行为主体与博弈关系，将相关思想划分为三条平行且相互作用的线索——特区内部经济体制改革政策思想、特区外部经济体制改革政策思想和对经济体制改革特区路径的探讨，进而以这三条线索展开考察和分析。通过这种考察顺序，力图使读者能够以博弈均衡的观念来理解中国特区经济体制建设思想。

　　关于博士论文，虽然距离答辩后提交财大图书馆已经过去将近7年时间，然而现在回想起博士论文选题、开题、写作和答辩的过程，却依然历历在目，仿佛是昨天发生的一样。

　　每次都是和同学熊金武博士一起，怀着忐忑的心情到位于武东路的财经研究所所长办公室，向导师赵晓雷教授提交包含题目、所用理论和论文

# 后 记

框架在内的"一页纸"并且就"一页纸"进行答辩。从最初被批评得体无完肤到最后获得同意，过程虽然漫长而痛苦，但是个人学术思辨能力和表达能力却在这种师生之间面对面的"质疑—解答"过程中快速提高。当拿着导师同意的"一页纸"走出财经研究所大楼时，我突然发现自己对学术研究的选题和思考方式已经完全不同了。感谢导师赵晓雷教授的悉心指导，尤其感谢导师不断以质疑的方式推动学生自己定位问题和寻找答案，而不是直接把问题和答案都教给学生。这才是读博士！

当我语无伦次地报告博士论文构思时，是王昉教授耐心地帮我理清思路、调整表达方式，使我从思维的迷雾中找到前进的方向。还记得论文预答辩、送外审和正式答辩之前，在经济学院大楼八楼的办公室里面，王昉教授认真细心地给出论文修改意见和答辩时的注意事项的情景。感谢王昉教授给予的悉心指导！

当我和同学熊金武博士被论文选题和定框架折磨得垂头丧气时，是程霖教授热情地邀请我们到他的办公室里面小叙，分享他和他门下博士生的研究计划与思路，希望我们能够从中获得研究的灵感。也记得在经济学院大楼八楼小会议室里论文预答辩和正式答辩时，程霖教授给出的各项中肯的修改建议。特别要提出的是，这部专著之所以能够从博士论文变成个人第一部学术专著，离不开程霖教授的热情鼓励和引导。感谢程霖教授一直以来的鼓励和指导！

自从被指派为伍山林教授的微观经济学课程助教后，便开始不断得到老师的教诲和帮助，从对经济学理论的理解到博士论文的构思和写作，再到最后论文预答辩和正式答辩时得到各种有益的修改建议。还记得伍山林教授牺牲个人休息时间，顶着烈日骑车到杨浦区公证处帮我办理公派访学的公证事宜。感谢伍山林教授的指导和帮助！

在论文预答辩和正式答辩时，有幸邀请到上海社科院的钟祥财研究员和复旦大学的马涛教授作为答辩委员会主席和成员。两位学者平和开放的态度，使得预想中严肃的论文答辩会实际上成为思想和观点的交流会。当我把两位学者所提出的建议放到博士论文修改稿中后，论文质量迅速提高。感谢钟祥财研究员和马涛教授为论文完善提出的建议。同时也要感谢外审时三位匿名审稿人的建议。

从更为广义的角度来看，博士论文并不仅仅是论文选题、开题、写作和答辩这一过程的产物，而是本人在上海财经大学经济学院经济思想史专业就读全过程的成果。由此，所需要感谢的名单将更长，而我首先要感谢的是深圳大学中国经济特区研究中心主任陶一桃教授，她是我在深圳大学经济系本科就读时的老师，是她深刻地影响了我对人生道路的选择，使我走上了从事经济学研究这条道路。

还记得当年在教学楼修读陶一桃教授的西方经济学课程时的情景。陶教授以鲜活的案例和精彩的讲解把我引入了经济学的殿堂，使我突然发现世界上竟然还有这么有趣的学问，竟然可以用一种与既往教育所形成的思维方式完全不同的思维方式来重新理解我们的社会运行！

还记得陶一桃教授鼓励我的那些话语。作为一个在小学和中学里一直表现平平的人，我本以为进入大学后的人生道路不外乎在本科毕业后找一份工作，然后娶妻生子养家糊口，读博士甚至是读硕士都是一种不切实际的想法。然而陶一桃教授却坚持认定我是能够读博士的人，并且一直鼓励我往学术道路走。倘若没有陶教授的鼓励，读博士大概是不可能的了，而写作博士论文和这部专著也就无从谈起了。

还记得陶一桃教授把我引荐给赵晓雷教授的情景，如果不是陶教授的引荐，那即使我本科毕业后选择读研读博，那也大概率不会成为赵晓雷教授这样的学术大家的学生了，也不会在上海财经大学见到那么多热心睿智的老师了。甚至，如果没有陶一桃教授将我推荐到上海财经大学赵晓雷教授门下，那么我大概也不会在上海财经大学见到 Myles S. Wallace 教授，进而在取得一个博士学位后又到美国克莱姆森大学（Clemson University）经济系攻读第二个博士学位。

陶一桃教授对本人的影响和帮助还远远不限于上面的例子，甚至以特区经济体制改革作为博士论文选题也是受到陶教授学术兴趣影响所致。感谢陶教授近20年来一贯的鼓励和支持！

熊金武博士和车大为博士是我在上海财经大学求学期间交流最多的两位同学，与他们的激烈争论和交锋使我在经济学思维的完善上得到益处，他们的观点和风格也影响了我。尤其是熊金武博士，从一同接受赵晓雷教授对"一页纸"的质疑，到最后博士论文成文，都是一同走过的好兄弟。

# 后 记

此外，周小云、韩丽娟、郭旸、徐琳、毕艳峰、喻梅、曹胜、李昊、陈国权、宋双杰、杨小燕、缪德刚、柴毅、张明、何业嘉、易斌以及李彦同学在我求学期间的交流都使我获益。在此表示感谢。

我要感谢我的父亲黄冠雄先生、母亲张琳萍女士、妻子康宇女士和两个儿子，他们在物质生活条件上的极大耐心，使我能够在学术这一条"奢侈"的道路上不断前进。特别地，在最后修订书稿的时候，我的父亲黄冠雄先生因病永远地离我而去了。他离去的那一天，恰好是他把我从湖北黄石老家带到深圳这片改革开放的热土的第30个年头。父亲一直说他这辈子最大的遗憾是没有读多少书，而他儿子能读到博士是弥补了他的遗憾。事实上，如果不是父亲用他的肩膀担起了整个家庭，我大概是无法读到博士并且看到不一样的风景。谢谢您，爸爸！我也将如同您一样，以我的肩膀为基础，让两个孩子站在上面去探索那些我无法看到的风景！